collection
tn
technote

Android

Les bases pour bien débuter le développement pour Smartphones et Tablettes

ISBN : 978-2-7460-7242-8
ISSN : 1767-1590
Imprimé en France

Editions ENI

ZAC du Moulin Neuf
Rue Benjamin Franklin
44800 St HERBLAIN
Tél. 02.51.80.15.15
Fax 02.51.80.15.16

e-mail : editions@ediENI.com
http://www.editions-eni.com

Auteur : Sébastien PÉROCHON
Collection **TechNote** dirigée par Joëlle MUSSET

Avant-propos

Cet ouvrage est extrait du titre "Guide de développement d'applications pour Smartphones et Tablettes" dans la collection Expert IT aux Editions ENI.

Il s'adresse à un public de lecteurs initiés désireux de découvrir comment développer leurs propres applications natives Android en Java pour smartphones et tablettes.

Pour tirer le meilleur profit possible de ces éléments, vous devez disposer des **pré-requis** suivants :

- connaissances de programmation en langage objet, et plus particulièrement en Java
- connaissances de bases d'utilisation de l'environnement de développement intégré Eclipse

Les différents chapitres couvrent le maximum de connaissances possible sur le sujet traité et sont accompagnés d'une liste des acronymes et outils cités dans l'ouvrage avec leur définition pour les replacer dans leur contexte.

Table des matières

Chapitre 3 : Les fondations

Chapitre 1
Premiers pas

A
Premier projet Android

L'environnement de développement étant dorénavant installé et prêt à être utilisé, nous allons créer sans plus attendre notre premier projet Android sous Eclipse. Puis, nous l'exécuterons sur l'émulateur Android et, selon la disponibilité, sur un appareil Android.

Nous découvrirons ensuite la structure détaillée d'un projet Android dans la section suivante.

1 Création du projet

→ Dans le menu général d'Eclipse, sélectionnez **File - New - Project...**.

La fenêtre **New Project** s'affiche, listant les assistants de création des projets.

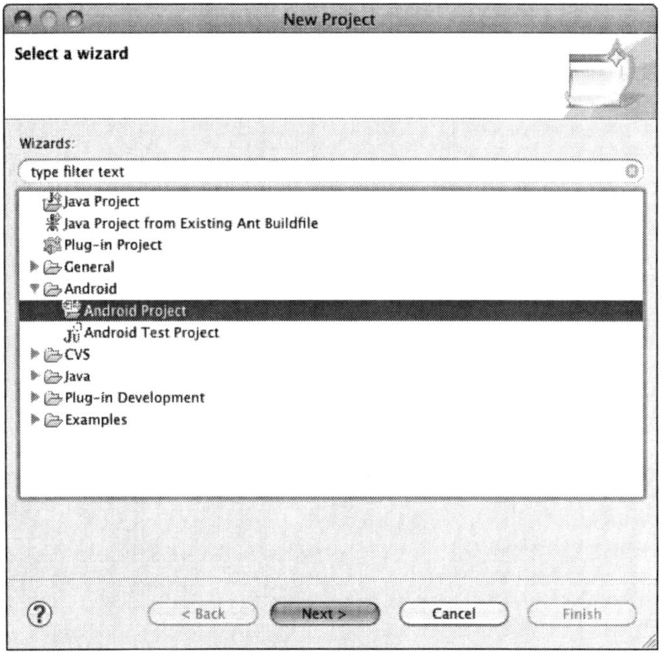

Création d'un projet Android

➔ Développez le dossier **Android**, sélectionnez **Android Project** et cliquez sur le bouton **Next**.

La fenêtre **New Android Project** de l'assistant de création des projets Android apparaît alors.

De nombreux champs doivent être renseignés. Voici ce à quoi ils correspondent :

- **Project name** : nom du projet Android et du répertoire qui contient le projet. Pour notre exemple, nous choisirons `MonAppli`.
- **Contents** : permet d'indiquer s'il s'agit d'un projet vierge ou si le projet existe déjà et doit être intégré dans l'espace de travail Eclipse. Dans notre cas, nous laissons la configuration par défaut.

> *Ce champ permet également de créer un projet à partir d'un projet fourni dans les paquetages d'exemples téléchargeables via l'outil **Android SDK and AVD Manager**.*

- **Build Target** : permet de spécifier la version cible de la plate-forme Android utilisée pour compiler l'application.
- **Properties** : contient plusieurs champs à renseigner obligatoirement. Ce sont :
  - **Application name** : nom de l'application qui pourra être utilisé par l'application pour être affiché à l'utilisateur. Ce nom peut comporter des espaces.
  - **Package name** : nom du paquetage Java où seront générés les sources. Celui-ci sert également d'identifiant unique à l'application. Il est demandé d'utiliser un format standard de nom de domaine. Dans notre exemple, nous utiliserons `fr.mondomaine.android.monappli`.
  - **Create Activity** : si ce champ est activé, il indique que l'assistant devra créer une activité dont le nom est indiqué juste à côté. Nous étudierons plus loin ce qu'est une activité. Pour l'instant, retenons juste que l'activité créée sera une classe qui servira de point d'entrée de l'application. Dans notre exemple, nous utiliserons `MonActivitePrincipale`.

- **Min SDK Version** : permet d'indiquer le niveau d'API sur lequel nous souhaitons que notre application s'exécute. Afin de rendre compatible l'application avec un maximum de systèmes Android, il est recommandé d'utiliser un numéro de niveau d'API le plus bas possible compatible avec les API que l'on souhaite utiliser pour développer l'application. Dans notre exemple, afin de pouvoir utiliser pleinement les toutes dernières API d'Android 3.0 (API 11), nous utiliserons la version 11. Dans le doute, on spécifie le même niveau d'API que celui indiqué dans le champ **Build Target**.

Si la version minimale indiquée diffère de la version choisie au champ ***Build Target****, un message d'avertissement s'affiche en haut de l'assistant pour nous alerter afin de prendre les mesures nécessaires si besoin.*

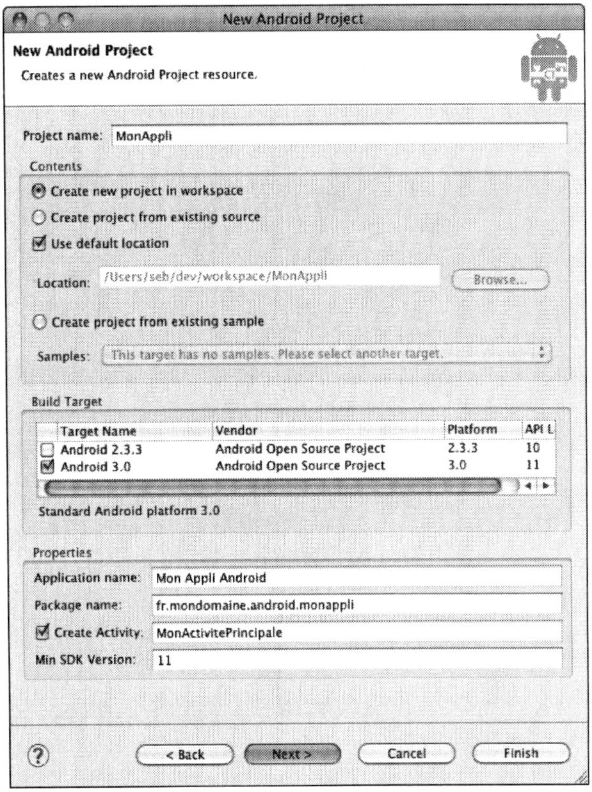

Création d'un projet Android

→ Cliquez sur le bouton **Next**.

Il nous est proposé de créer un projet de test. Nous n'en faisons rien pour l'instant car cela est le sujet d'un autre chapitre.

→ Cliquez sur le bouton **Finish**.

Le projet est généré dans l'espace de travail d'Eclipse et ajouté à la vue **Package Explorer** (Explorateur de Paquetages). Il est automatiquement compilé.

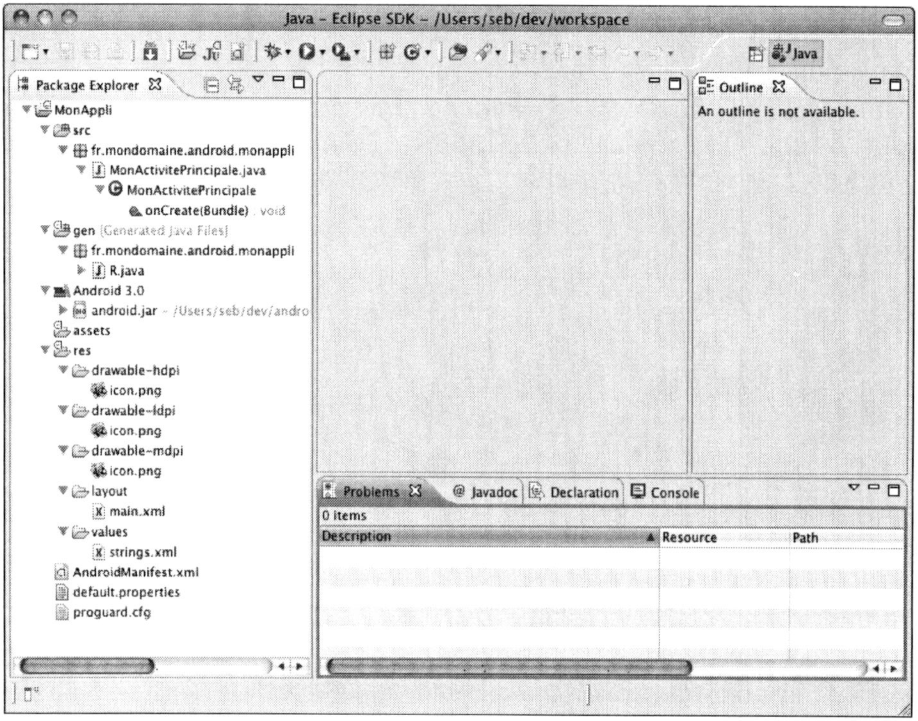

Création d'un projet Android

La compilation du projet engendre la création d'un fichier binaire `MonAppli.apk` dans le répertoire `bin` du projet.

C'est un fichier au format apk (*Android Package*). Concrètement, c'est une archive zip qui contient tout le projet : code compilé, données et fichiers ressources.

Du fait que ce fichier comprenne l'application, il est courant de désigner ce fichier en utilisant directement le terme application.

2 Exécution de l'application

Maintenant que le projet est créé et compilé avec succès, que l'application a été générée, il reste à l'installer sur un système Android et à l'exécuter. Pour cela :

→ Dans la vue **Package Explorer** d'Eclipse, faites un clic droit sur le projet `MonAppli`.

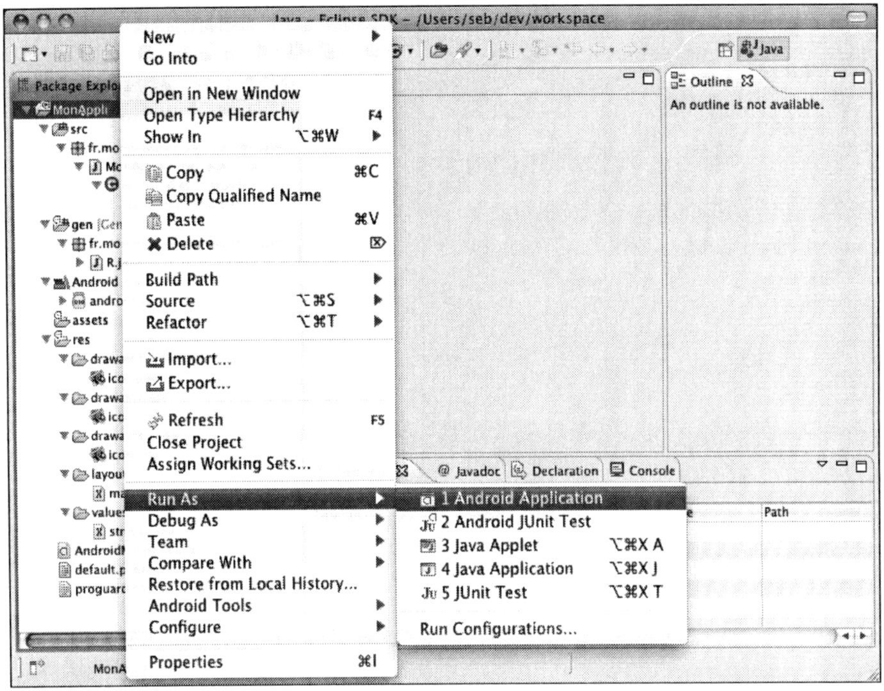

Création d'un projet Android

→ Puis cliquez sur **Run As - Android Application**.

La vue Console permet de suivre l'avancée du chargement de l'application et de son exécution.

> *Si un message d'erreur du type* `The connection to adb is down, and a severe error has occured` *s'affiche dans la console, redémarrez Eclipse et réessayez.*

Une boîte de dialogue **Android AVD Error** s'affiche nous informant qu'il n'existe pas d'AVD (*Android Virtual Device*) c'est-à-dire une configuration de l'émulateur Android ou d'appareil Android connecté possédant une version supérieure ou égale à la version minimum indiquée lors de la création du projet. Il nous propose de créer une configuration d'un appareil à émuler.

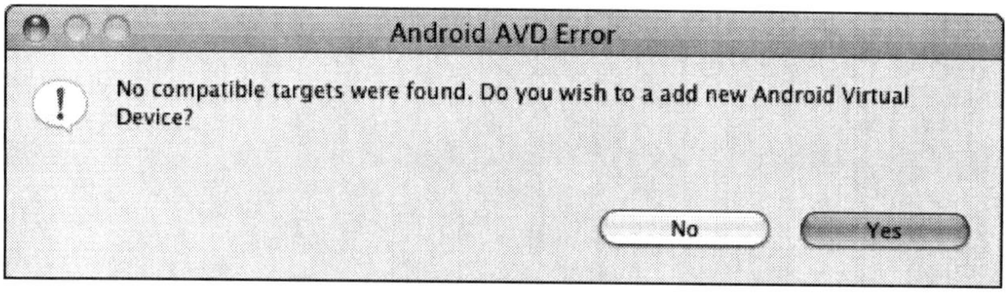

Création d'un projet Android

➜ Cliquez sur le bouton **No** et fermez la fenêtre **Android Device Chooser** qui s'affiche. Nous y reviendrons plus loin.

Deux possibilités se présentent pour exécuter l'application :

- Créer un AVD, un périphérique Android virtuel, et le faire fonctionner sous l'émulateur.
- Utiliser un appareil Android réel, comme un smartphone ou une tablette tactile, connecté à l'ordinateur.

a ...sur l'émulateur Android

Le SDK fournit un émulateur de périphériques Android. Cet émulateur permet d'émuler de nombreuses configurations matérielles. Un AVD est une configuration matérielle précise utilisable par l'émulateur.

Voyons comment créer un AVD.

➜ Lancez l'outil **Android SDK and AVD Manager**.

*Pour rappel, l'outil **Android SDK and AVD Manager** peut être lancé directement depuis la barre d'outils en cliquant sur son icône ou en sélectionnant **Window - Android SDK and AVD Manager**.*

L'outil **Android SDK and AVD Manager** s'ouvre alors indiquant qu'il n'existe pas d'AVD.

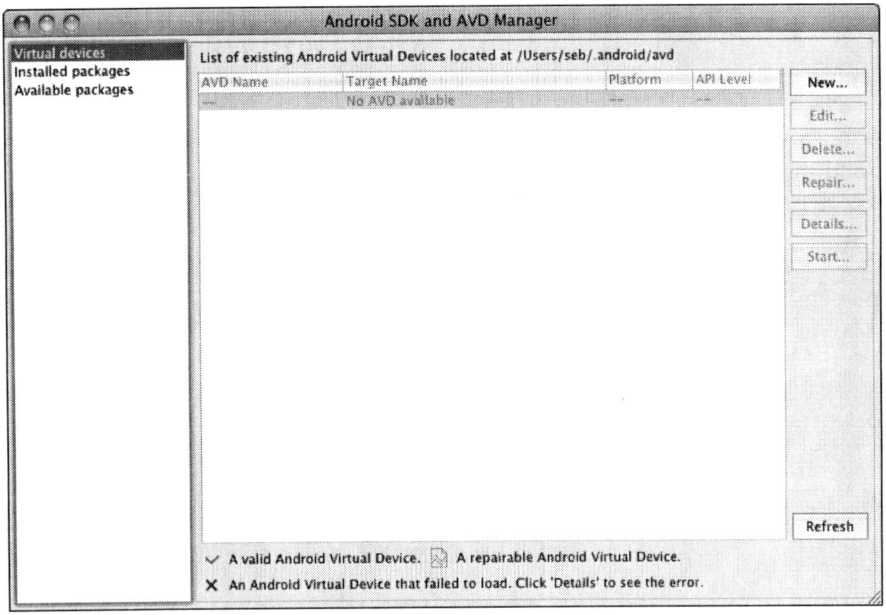

Création d'un AVD

➔ Cliquez sur le bouton **New...** situé complètement en haut à droite.

La fenêtre **Create new Android Virtual Device (AVD)** apparaît.

De nombreux champs sont à renseigner pour créer l'AVD :

- **Name** : nom de l'AVD. Il ne doit pas contenir de caractères spéciaux, ni d'espaces.

Ce nom doit à la fois être court pour plus de commodités lorsqu'il est utilisé en ligne de commande sous une console et être suffisamment explicite pour caractériser la configuration de l'AVD.

- **Target** : liste proposant les plates-formes disponibles téléchargées et installées sur le poste de développement. Pour rappel, la version d'API de la plate-forme choisie devra être égale ou supérieure à la version minimum d'API spécifiée par l'application.
- **SD Card** : permet d'émuler la présence d'une carte SD dans l'appareil virtuel en spécifiant une taille. Attention à ne pas indiquer de taille excessive puisqu'un fichier image de la taille de cette carte SD sera créé sur le poste de développement. Il est également possible de réutiliser une carte SD virtuelle précédemment créée en indiquant le fichier image de cette carte SD.
- **Snapshot** : lorsque cette option est cochée, il est possible de sauvegarder l'état courant de l'AVD. Il peut ensuite être rapidement restauré, épargnant au développeur une nouvelle attente dans le cas d'un démarrage complet de l'AVD.
- **Skin** : permet de spécifier la résolution de l'écran de l'appareil émulé soit en sélectionnant une résolution standard, soit en spécifiant une résolution particulière.
- **Hardware** : permet d'affiner la configuration matérielle en renseignant des propriétés avancées comme par exemple la présence ou non d'un appareil photo ou d'un clavier physique.

Voici l'écran renseigné avec les valeurs utilisées pour notre exemple.

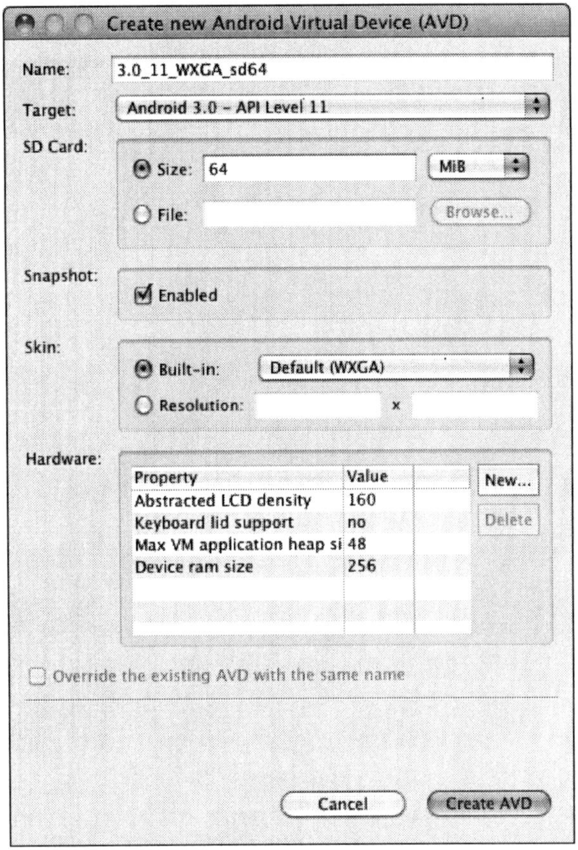

Création d'un AVD

→ Une fois les champs renseignés, cliquez sur le bouton **Create AVD** pour créer l'AVD.

L'AVD est alors ajouté à la liste des AVD existants.

Il est possible de créer autant d'AVD que l'on souhaite. Cela permet de tester une même application sur de nombreuses configurations matérielles et ainsi de s'assurer du bon fonctionnement de celle-ci sur un maximum de configurations différentes.

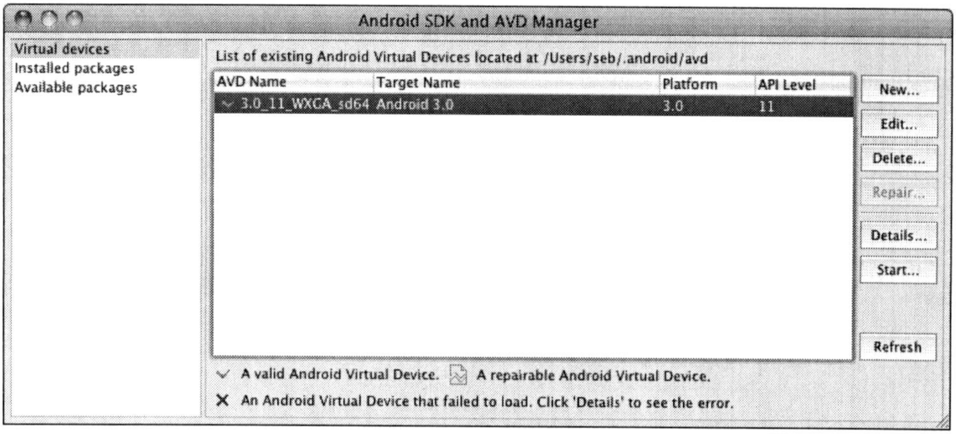

Création d'un AVD

Les boutons **Delete...**, **Repair...** et **Details...** permettent respectivement de supprimer, réparer l'AVD actuellement sélectionné et d'afficher ses caractéristiques.

Le bouton **Start** permet de démarrer l'émulateur avec l'AVD sélectionné en spécifiant des paramètres de démarrage. Il est possible de modifier la taille de la fenêtre de l'émulateur et d'effacer les données utilisateurs de l'AVD comme si l'appareil sortait d'usine. Il est également possible d'indiquer de restaurer l'AVD depuis une sauvegarde en cochant la case **Launch from snapshot**. L'option **Save to snapshot** permet d'effectuer une sauvegarde de l'AVD à chaque fermeture de la fenêtre de l'émulateur.

➔ Fermez la fenêtre.

➔ Relancez l'exécution de l'application comme vu précédemment.

L'émulateur Android, plus précisément l'application `emulator`, s'exécute alors sur le poste de développement. Patientez le temps du chargement du système. Cela peut prendre plusieurs minutes selon la puissance du poste de développement. L'écran d'accueil ou l'écran de déverrouillage apparaît alors. L'application est ensuite chargée et lancée automatiquement.

> *Si l'écran de verrouillage apparaît, déverrouillez-le afin de pouvoir voir l'application.*

L'interface de l'émulateur et l'interface de l'application sont différentes selon la version cible d'Android utilisée par le projet et la version de l'AVD sur laquelle s'exécute l'application.

Par exemple, sur un système Android 3.0 (API 11) et dont la version minimale requise par l'application est également Android 3.0 (API 11), l'application s'ouvre sur un fond noir. Tout en haut est affichée la barre d'action qui comprend à gauche l'icône et le titre de l'application spécifiés lors de la création du projet. Juste en dessous de cette barre d'action est affichée une ligne de texte contenant le nom de l'activité principale, là encore spécifiée lors de la création du projet.

Émulateur d'un AVD de type tablette tactile sous Android 3.0 (API 11)

Sur un système Android de version inférieure à 3.0 (API 11) et dont la version minimale du système requise par l'application est également inférieure à Android 3.0 (API 11), l'application affiche un écran noir avec une barre de titre sur fond coloré où l'on retrouve le nom de l'application. En dessous est affichée une ligne de texte contenant le nom de l'activité principale.

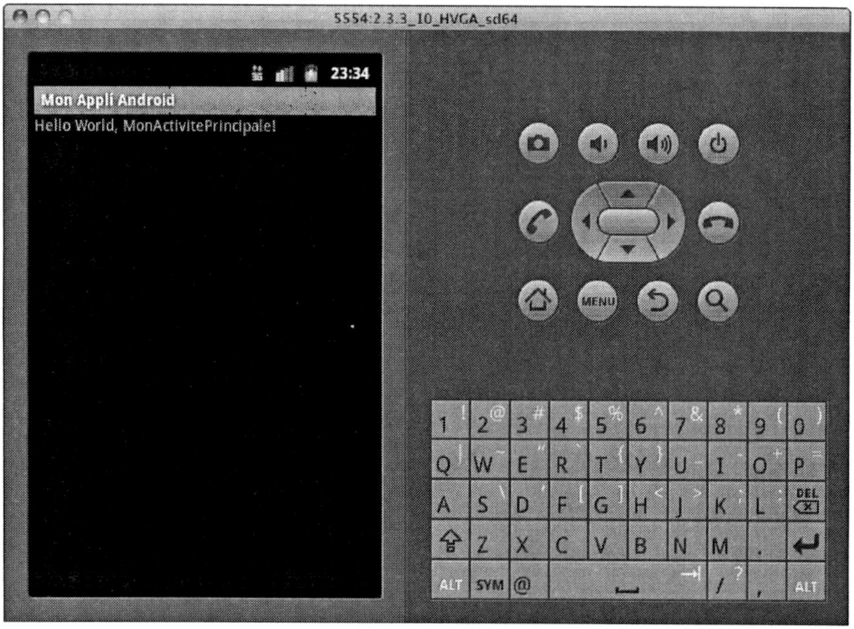

Création d'un AVD de type smartphone sous Android 2.3.3 (API 10)

> *Il existe de nombreux raccourcis-clavier permettant d'interagir avec l'émulateur. Par exemple, la touche 7 du clavier numérique de l'ordinateur change l'orientation de l'écran de l'émulateur dans un sens, la touche 9 dans l'autre sens. Les différentes touches et options de lancement de l'émulateur sont disponibles à l'adresse suivante :*
> *http://developer.android.com/guide/developing/tools/emulator.html*

b ...sur un appareil Android

Bien que l'émulateur puisse s'adapter à de nombreuses configurations matérielles, il n'en reste pas moins qu'il ne peut en émuler certaines. Un des gros défauts de l'émulateur est ses performances. Aussi, l'émulateur va vite montrer ses faiblesses si l'application à tester nécessite un appareil puissant. De plus, le test d'une application via l'émulateur peut s'avérer concluant alors qu'un test en environnement réel va aussitôt montrer les défauts de l'application.

Un exemple tout simple est l'appui tactile sur l'écran. Sur l'émulateur, il suffit de cliquer avec le curseur de la souris qui est précis au pixel près. Sur un appareil réel, le doigt de l'utilisateur est moins précis que le curseur de souris. Si bien que si l'application nécessite un clic sur une toute petite zone de l'écran, cela sera assez délicat avec les doigts alors que cela ne posera aucun problème sur l'émulateur via la souris.

C'est pourquoi l'exécution d'une application sur un appareil Android réel est quasi-obligatoire pour valider son bon fonctionnement, sa réactivité et surtout sa bonne ergonomie. Puisque cela ne validera l'application que sur un seul type de matériel, l'idéal est d'associer les tests sur l'émulateur et les tests sur appareils réels.

Bien qu'un smartphone du commerce suffit pour tester les applications, Google propose à l'achat des smartphones de développement : les Android Dev Phone. Ces smartphones sont uniquement proposés aux développeurs enregistrés sur l'Android Market. Ce sont des modèles de smartphone du commerce qui sont officiellement et légalement désimlockés et débloqués, notamment au niveau du bootloader. Cela permet notamment d'installer une image du système d'exploitation Android personnalisée. Pour plus d'informations, consultez l'adresse suivante :
http://market.android.com/publish/buyDeveloperPhone

Pour tester une application sur un appareil Android, il faut activer le débogage USB sur l'appareil. Pour cela, la première étape de la manipulation n'est pas la même selon le système Android utilisé.

- Sur les systèmes Android de versions inférieures à 3.0 (API 11), affichez l'écran d'accueil si ce n'est déjà fait puis pressez la touche **Menu**. Sur les systèmes Android de versions 3.0 (API 11) ou supérieures, cliquez sur l'heure en bas à droite puis cliquez sur la petite fenêtre contenant l'heure qui vient d'apparaître.
- Sélectionnez **Paramètres**.

L'application de configuration des paramètres de l'appareil s'affiche.

- Sélectionnez **Applications**, puis **Développement**.
- Activez la case à cocher **Débogage USB** et valider le message d'avertissement en cliquant sur le bouton **OK**.

Il faut ensuite faire en sorte que le poste de développement puisse reconnaître l'appareil Android lorsqu'il est connecté. Suivez les instructions ci-dessous suivant le système d'exploitation installé sur le poste de développement.

> *Si des problèmes surviennent lors de l'installation des pilotes ou que l'appareil n'est pas détecté ou reconnu, vérifiez que le câble USB utilisé est bien celui livré d'origine avec l'appareil Android et qu'il est directement connecté au poste de développement.*

Mac OS X

- Connectez l'appareil Android au poste de développement via l'utilisation d'un câble USB.

L'appareil Android est automatiquement détecté.

Windows XP

L'installation d'un pilote USB sur le poste de développement est requise pour reconnaître les appareils Android.

- Téléchargez-le via l'outil Android SDK and AVD Manager vu précédemment. Le paquetage se nomme **Google USB Driver package** et se trouve sous **Third party Add-ons** puis **Google Inc**.
- Connectez l'appareil Android au poste de développement via l'utilisation d'un câble USB. Windows détecte automatiquement l'appareil et lance l'assistant d'ajout de matériel.
- Sélectionnez **Non, pas pour cette fois** et cliquez sur **Suivant**.
- Sélectionnez **Installer à partir d'une liste ou d'un emplacement spécifié**, puis cliquez sur **Suivant**.
- Sélectionnez **Rechercher le meilleur pilote dans ces emplacements**.

- Décochez **Rechercher dans les médias amovibles** et cochez **Inclure cet emplacement dans la recherche**.
- Cliquez sur le bouton **Parcourir**, sélectionnez le dossier `sdk\extras\google\usb_driver\` et cliquez sur **OK** puis sur **Suivant**.
- Cliquez enfin sur le bouton **Installer**.

L'installation du pilote s'effectue.

Windows Vista

L'installation d'un pilote USB sur le poste de développement est requise pour reconnaître les appareils Android.

- Téléchargez-le via l'outil Android SDK and AVD Manager vu précédemment. Le paquetage se nomme **Google USB Driver package** et se trouve sous **Third party Add-ons** puis **Google Inc**.
- Connectez l'appareil Android au poste de développement via l'utilisation d'un câble USB. Windows détecte automatiquement l'appareil et tente de l'installer.
- Ouvrez le menu **Démarrer** et sélectionnez **Panneau de configuration**.
- Sélectionnez **Matériel et audio** puis **Gestionnaire de périphériques**.
- Faites un clic droit sur la ligne **Périphérique USB composite** comportant une icône d'alerte dans la liste puis sélectionnez **Mettre à jour le pilote logiciel...**.
- Sélectionnez **Rechercher un pilote logiciel sur mon ordinateur**.
- Cliquez sur le bouton **Parcourir...**, sélectionnez le dossier `sdk\extras\google\usb_driver\` et cliquez sur **Suivant**.
- Cliquez enfin sur le bouton **Installer**.

L'installation du pilote s'effectue.

Windows 7

L'installation d'un pilote USB sur le poste de développement est requise pour reconnaître les appareils Android.

- Téléchargez-le via l'outil Android SDK and AVD Manager vu précédemment. Le paquetage se nomme **Google USB Driver package** et se trouve sous **Third party Add-ons** puis **Google Inc**.
- Connectez l'appareil Android au poste de développement via l'utilisation d'un câble USB. Windows détecte automatiquement l'appareil et tente de l'installer.
- Ouvrez le menu **Démarrer** et sélectionnez **Panneau de configuration**.
- Sélectionnez **Matériel et audio** puis **Gestionnaire de périphériques** (sous **Périphériques et imprimantes**).
- Faites un clic droit sur la ligne **Périphérique USB composite** comportant une icône d'alerte dans la liste puis sélectionnez **Mettre à jour le pilote...**.
- Sélectionnez **Rechercher un pilote sur mon ordinateur**.
- Cliquez sur le bouton **Parcourir...**, sélectionnez le dossier `sdk\extras\google\usb_driver\` et cliquez sur **Suivant**.
- Cliquez enfin sur le bouton **Installer**.

L'installation du pilote s'effectue.

Ubuntu

- Déconnectez l'appareil Android du poste de développement s'il est déjà connecté.
- Ouvrez une console et lancez la commande `lsusb`.

```
$ lsusb
Bus 001 Device 002: ID 80ee:0021
Bus 001 Device 001: ID 1d6b:0001 Linux Foundation 1.1 root hub
```

- Connectez l'appareil Android au poste de développement via l'utilisation d'un câble USB.
- Relancez la commande `lsusb`. Une nouvelle ligne concernant l'appareil Android apparaît.

```
$ lsusb
Bus 001 Device 003: ID 18d1:4e12 Google Inc. Nexus One Phone
```

```
Bus 001 Device 002: ID 80ee:0021
Bus 001 Device 001: ID 1d6b:0001 Linux Foundation 1.1 root hub
```

- Sur cette nouvelle ligne, relevez le code constructeur qui correspond aux quatre premiers caractères affichés après ID. Dans notre exemple, ce code est *18d1*.
- Déconnectez l'appareil Android du poste de développement.

Pour qu'Ubuntu puisse reconnaître un appareil Android, il faut lui fournir un fichier de règles contenant la configuration USB correspondant à cet appareil.

- Connectez-vous en tant que `root`.
- Créez le fichier `/etc/udev/rules.d/##-android.rules` en remplaçant ## par `70` pour les versions Ubuntu 9.10 et supérieures, et par `51` pour les versions inférieures.
- Insérez dans ce fichier la ligne suivante correspondant à la version d'Ubuntu du poste de développement :

Ubuntu 10.10 et supérieurs:

```
SUBSYSTEM=="usb", ATTR{idVendor}=="18d1", MODE="0666"
```

Ubuntu 7.10 à 10.04 :

```
SUBSYSTEM=="usb", SYSFS{idVendor}=="18d1", MODE="0666"
```

Ubuntu 7.04 et inférieures :

```
SUBSYSTEM=="usb_device", SYSFS{idVendor}=="18d1", MODE="0666"
```

- Remplacez dans cette ligne le code 18d1 par le code constructeur correspondant à l'appareil Android relevé précédemment ou à trouver parmi les suivants.

Constructeur	Code
Acer	0502
Dell	413c
Foxconn	0489

Constructeur	Code
Garmin-Asus	091E
Google	18d1
HTC	0bb4
Huawei	12d1
Kyocera	0482
LG	1004
Motorola	22b8
Nvidia	0955
Pantech	10A9
Samsung	04e8
Sharp	04dd
Sony Ericsson	0fce
ZTE	19D2

→ Exécutez la commande suivante en remplaçant `##-android.rules` par le nom du fichier précédemment créé.

```
$ chmod a+r /etc/udev/rules.d/##-android.rules
```

→ Redémarrez le démon `udev` pour prendre en compte ce nouveau fichier de règles en utilisant l'une des commandes suivantes :

```
$ sudo reload udev
$ sudo service udev reload
$ sudo restart udev
```

→ Reconnectez l'appareil Android au poste de développement.

Vérification de la connexion

À ce stade, il est important de vérifier que l'environnement de développement reconnaît bien l'appareil Android qui est connecté.

→ Ouvrez une console et exécutez la commande suivante :

```
$ adb devices
```

Le client `adb` est localisé dans le dossier `sdk/platform-tools`. Pour plus de confort, il est conseillé d'ajouter ce chemin à la variable PATH du système.

L'affichage suivant doit apparaître, avec un identifiant d'appareil différent de celui indiqué. Si tel est le cas, l'appareil Android est correctement détecté.

```
List of devices attached
HT018PXXXXXX    device
```

Les combinaisons des configurations d'environnement de développement et d'appareil Android étant très nombreuses, il se peut que l'appareil ne soit pas reconnu. Dans ce cas, après avoir vérifié que les consignes ont bien été suivies, il est conseillé de faire des recherches en ligne. D'autres utilisateurs auront sans doute déjà rencontré le même problème et fourniront sans doute une solution.

Lancement de l'application

→ Lancez l'exécution de l'application sur l'appareil.

L'application se charge rapidement et se lance automatiquement.

Si l'écran de verrouillage apparaît, il faut le déverrouiller afin de pouvoir voir l'application.

B Structure d'un projet Android

Découvrons plus avant ce que contient le projet créé et, de façon plus générale, ce qui constitue un projet Android.

Un projet Android contient plusieurs dossiers et quelques fichiers de configuration à la racine. Depuis la vue Explorateur d'Eclipse, nous avons les éléments suivants.

Le dossier `src` contient le code source Java du projet.

Le dossier `gen` contient les fichiers générés automatiquement par le plug-in ADT, comme le fichier `R.java`. Ce dernier permet de référencer aisément les ressources du projet depuis le code Java en associant une constante avec l'identifiant unique d'une ressource.

Le dossier `Android` ou `Google APIs` inclut le SDK de la version cible de compilation spécifiée lors de la création du projet.

Le dossier `assets` permet de stocker des fichiers de données bruts comme par exemple des fichiers MP3. L'application pourra alors lire ces fichiers dans leur format d'origine sous forme de flux d'octets. Le format du fichier est conservé tel quel.

Le dossier `res` contient tous les fichiers ressources de l'application classés dans des sous-dossiers selon leur type (cf. Les ressources). Ces fichiers, contrairement à ceux stockés dans le répertoire `assets`, peuvent être modifiés pour être optimisés lors de la compilation du projet.

Le fichier `AndroidManifest.xml` est le fichier manifeste du projet. Il est décrit un peu plus loin.

Le fichier `default.properties` contient les propriétés du projet. Ce fichier ne doit pas être édité manuellement car il est mis à jour automatiquement lorsque le développeur édite les propriétés du projet via l'interface d'Eclipse en faisant un clic droit sur le nom du projet **Android**, puis **Propriétés**.

Existe aussi le dossier `bin`, non affiché dans Eclipse, contenant les fichiers compilés et le fichier binaire final de l'application. Le dossier `libs` pourra être ajouté pour inclure les bibliothèques tiers.

1 Le manifeste

Le fichier `AndroidManifest.xml` est le fichier manifeste du projet. Il contient la configuration principale de l'application.

Dans la suite de cet ouvrage, il sera fait référence à ce fichier en le nommant simplement manifeste.

Le manifeste est un fichier au format XML. Le développeur peut le modifier directement ou utiliser les vues fournies par le plug-in ADT.

Ce fichier permet, entre autres, d'indiquer les composants applicatifs définis par l'application, le point d'entrée principal, les droits de sécurité nécessaires à l'application, les bibliothèques nécessaires, les environnements système et matériels compatibles pour faire fonctionner l'application...

Tout composant applicatif défini par l'application comme par exemple une activité, un service... doit être déclaré dans le `manifeste` sans quoi le système Android ne le connaîtra pas et ne pourra donc pas permettre son utilisation.

Voici les premiers éléments figurant dans ce fichier.

Syntaxe

```
<?xml version="1.0" encoding="utf-8"?>
<manifest xmlns:android="http://schemas.android.com/apk/res/android"
    package="chaîne de caractères"
    android:versionCode="entier"
    android:versionName="chaîne de caractères">

   <uses-sdk android:minSdkVersion="entier"
           android:targetSdkVersion="entier"/>

   <application android:icon="ressource drawable"
              android:label="ressource texte">
     <activity android:name="chaîne de caractères"
```

```
            android:label="ressource texte">
        <intent-filter>
          <action android:name="chaîne de caractères" />
          <category android:name="chaîne de caractères" />
        </intent-filter>
      </activity>
    </application>

</manifest>
```

La première ligne du fichier décrit le format du fichier et son encodage.

Exemple

```
<?xml version="1.0" encoding="utf-8"?>
<manifest
    xmlns:android="http://schemas.android.com/apk/res/android"
    package="fr.mondomaine.android.monappli"
    android:versionCode="1"
    android:versionName="1.0">

  <uses-sdk android:minSdkVersion="8"
            android:targetSdkVersion="11" />

  <application android:icon="@drawable/icon"
               android:label="@string/app_name">
    <activity android:name=".MonActivitePrincipale"
              android:label="@string/app_name">
      <intent-filter>
        <action android:name="android.intent.action.MAIN" />
        <category
            android:name="android.intent.category.LAUNCHER" />
      </intent-filter>
    </activity>
  </application>

</manifest>
```

Dans cet exemple, le contenu de la balise `intent-filter` de l'activité indique que cette activité est le composant principal de l'application, c'est-à-dire celui à lancer pour démarrer l'application, et qu'il peut apparaître dans des applications répertoriant les activités principales, comme l'application Lanceur d'applications du système Android.

a Balise manifest

La balise racine du fichier est la balise `manifest`. Elle contient directement ou indirectement toutes les autres balises.

Elle prend plusieurs attributs. Le premier `xmlns:android` définit l'espace de nom Android qui sera utilisé dans le fichier. Sa valeur doit obligatoirement être `http://schemas.android.com/apk/res/android`.

L'attribut `package` contient le paquetage de l'application demandé lors de la création du projet. Il est l'identifiant unique de l'application et doit respecter le format standard des noms de domaine.

Viennent ensuite les attributs `android:versionCode` et `android:versionName` qui représentent en nombre et en lettre la version de l'application.

b Balise uses-sdk

La balise `uses-sdk` permet d'indiquer les versions de SDK sur lesquelles pourra être exécutée l'application. Android utilise les valeurs des attributs de cette balise pour autoriser ou non l'installation de l'application. L'Android Market les utilise également pour filtrer les applications compatibles avec le système Android de l'appareil de l'utilisateur.

L'attribut `android:minSdkVersion` indique le niveau d'API minimum requis par l'application. Cette valeur dépend des API utilisées par l'application. Plus la valeur est basse et plus le nombre de systèmes Android pouvant exécuter l'application est important. Mais dans ce cas, l'application ne pourra pas utiliser les nouveautés introduites par les dernières versions d'API.

Il faut donc trouver le juste milieu entre le choix des API à utiliser et les versions des systèmes Android cibles.

Attention à bien vérifier que la valeur de l'attribut `android:minSdkVersion` n'est pas trop basse par rapport aux API utilisées. Car si l'application utilise des API d'une version supérieure à celle spécifiée dans l'attribut `android:minSdkVersion`, l'application ne fonctionnera pas sur un système Android d'une version ne contenant pas l'API utilisée.

L'attribut `android:targetSdkVersion`, s'il est présent, indique le niveau d'API utilisé lors du développement de l'application et sur lequel l'application a été testée. Le système Android utilise cet attribut pour déterminer s'il a besoin ou non d'ajouter, le cas échéant, des mécanismes de compatibilité. Si le système est de la même version que cet attribut, le système Android ne fait rien. Dans le cas contraire, il peut ajouter des mécanismes de compatibilité. Cela permet également à notre application de se voir appliquer par défaut le thème graphique du système de cette version et d'être compatible avec les tailles et densités d'écrans de cette version système.

c Balise application

La balise `application` contient les informations concernant l'application elle-même. Deux de ses attributs sont essentiels. Ce sont les attributs `android:icon` et `android:label` qui permettent respectivement de spécifier l'icône et le titre de l'application. Cette icône et ce titre seront utilisés pour représenter l'application à divers endroits, aussi bien sur l'appareil Android que sur l'Android Market par exemple.

Bien que l'attribut `android:label`accepte directement les chaînes de caractères, il est recommandé de ne spécifier que des références à des ressources. Ceci présente de multiples avantages : la séparation du code et des ressources, la prise en compte automatique de la traduction de la chaîne de caractères...

Cette balise contient les balises décrivant les composants applicatifs. Ce sont, entre autres, les balises `activity`, `service`, `provider`, `receiver` et `uses-library`.

2 Les ressources

Les ressources d'une application Android sont les données qu'elle utilise. Ce peut être une image telle que l'icône de l'application, un son, un texte comme le titre de l'application...

Ces ressources sont incorporées au binaire de l'application. Elles font partie intégrante du projet Android et doivent être stockées dans des sous-dossiers du dossier `res` selon leur type de donnée.

`res/anim` : animations de transitions définies dans des fichiers au format XML.

`res/color` : couleurs à plusieurs états définis dans des fichiers au format XML.

`res/drawable` : images aux formats 9-Patch, PNG, GIF, JPEG et BMP et dessins de type `Drawable` définis dans des fichiers au format XML.

`res/layout` : descriptions d'interfaces graphiques définies dans des fichiers au format XML.

`res/menu` : menus de différents types définis dans des fichiers au format XML.

`res/raw` : données brutes, identiques à celles pouvant être stockées dans le dossier `assets` du projet, mais accessibles uniquement via leur identifiant unique de ressource.

`res/values` : valeurs de différents types simples comme par exemple des chaînes de caractères, des entiers... contenus dans des fichiers au format XML. Chacune de ces valeurs est accessible via son identifiant unique.

> *Bien que les noms des fichiers contenus dans le dossier* `res/values` *soient laissés à la seule discrétion du développeur et que ces fichiers puissent contenir différents types de ressources simples, il est d'usage de classer ces ressources selon leur type dans des fichiers indépendants. Les noms de ces fichiers sont ceux des types de ressources qu'ils contiennent. Par exemple,* `strings.xml` *pour les ressources de type* `string`*, arrays.xml pour les* `array`*,* `colors.xml` *pour les* `color`*...*

`res/xml` : fichiers XML divers, notamment des fichiers de configuration de composants, lus à l'exécution.

> *Tous ces dossiers ne sont pas créés par défaut. Il faudra donc les créer au fur et à mesure selon les besoins.*

> *Il n'est pas possible de créer de sous-dossiers dans ces sous-dossiers afin d'organiser encore plus les ressources... ce qui peut être gênant pour les projets utilisant beaucoup de ressources de mêmes types.*

Par défaut, un nouveau projet comportera les dossiers `res/drawable-hdpi`, `res/drawable-mdpi` et `res/drawable-ldpi`. De façon générale, les termes suivant le trait d'union précisent la configuration logicielle ou matérielle dans laquelle les ressources contenues dans le dossier correspondant peuvent être utilisées. Les termes `hdpi`, `mdpi` et `ldpi` en particulier, décrivant la catégorie de densité de l'écran, sont étudiés plus en détail dans le chapitre suivant.

Mais notons dès à présent qu'au-delà des ressources de type `Drawable`, tout type de ressource peut se voir dédié à des configurations logicielles ou matérielles précises. Pour cela, le nom du dossier de ressources doit être complété du ou des qualificatifs séparés par des traits d'union. Il existe un grand nombre de qualificatifs disponibles représentant la taille de l'écran, la densité de l'écran, la langue du système, l'orientation de l'écran...

<u>*Syntaxe*</u>

```
type_ressource[-qualificatif_1]...[-qualificatif_n]
```

<u>*Exemple*</u>

res/drawable-hdpi

res/drawable-fr-hdpi

Dans cet exemple, le dernier cas concerne les ressources de type `Drawable` qui seront utilisées sur un système dont l'écran à une haute densité de pixels et dont la langue du système est le français.

> *Il est recommandé que chaque ressource dispose d'une variante par défaut. C'est-à-dire que la ressource doit figurer a minima dans son dossier de ressource par défaut, celui ne comportant pas de qualificatifs. Par exemple, toute ressource de type image doit figurer a minima dans le dossier `res/drawable`. Cela permet d'assurer une compatibilité de l'application sur les anciennes versions Android.*

Chacune des ressources du dossier `res` possède son propre identifiant unique. C'est l'unique moyen par lequel la ressource peut être atteinte depuis le code Java ou depuis le code XML. C'est une valeur entière générée automatiquement. Cette valeur permet à de multiples méthodes d'identifier aisément les ressources à utiliser. Mais cette valeur peut changer à chaque compilation au gré des ajouts ou suppressions de ressources.

Afin de ne pas inclure ces valeurs en dur dans le code et à avoir à les changer par le développeur à chaque modification, il est généré automatiquement une classe Java `R` faisant la correspondance entre les valeurs entières des identifiants uniques et des constantes associées.

Ces constantes, statiques et publiques, sont définies dans des sous-classes de la classe `R` correspondant aux différents types de ressources.

Dès lors, le développeur n'a plus qu'à utiliser ces constantes, dont le nom n'évolue pas automatiquement, en lieu et place des valeurs entières dans le code Java.

Le nom complet de ces constantes Java est composé du nom de paquetage d'où elles sont issues, du type et du nom de la ressource. Le nom de paquetage peut être omis s'il s'agit du paquetage courant.

Le type de la ressource correspond au nom du sous-dossier du dossier `res` contenant la ressource. Le nom de la ressource est le nom du fichier dépourvu de son extension.

Cette syntaxe est valable pour toutes les ressources à l'exception de celles du dossier `res/values`. Pour ces dernières, le type de la ressource est le nom de la balise définissant la ressource. Et le nom de la ressource est le nom spécifié par l'attribut `name` de la balise de la ressource.

Syntaxe depuis le code Java

```
[paquetage.]R.type.nom
```

Exemples

R.drawable.icon

R.layout.main

R.string.message

R.color.rouge

Même chose pour les fichiers ressources. Afin de ne pas écrire des données en dur dans certains fichiers ressources, il est possible de faire référence aux ressources depuis le code XML. Les syntaxes du type et du nom des ressources sont les mêmes que précédemment.

Syntaxe depuis le code XML

```
@[paquetage:]type/nom
```

Exemples

@drawable/icon

@layout/main

@string/message

@color/rouge

Dans la suite de cet ouvrage, le terme identifiant unique ou identifiant, tout court, fera référence au nom complet de la constante associée à la valeur entière comme par exemple `R.string.message`.

Chapitre 2
Découverte de l'interface utilisateur

A Introduction

Les applications Android proposent, pour la majorité d'entre elles, une interface utilisateur. Celle-ci va permettre une interaction à double sens entre l'utilisateur et l'application de façon visuelle, tactile et sonore.

Il est d'usage de parler de clic pour désigner l'action de pression et de relâchement rapide d'un bouton d'un dispositif de pointage comme une souris par exemple. Ce terme fait référence au bruit provoqué par cette action. Or pour les écrans tactiles, le dispositif de pointage est le doigt de l'utilisateur. L'usage du terme clic dans ce cas apparaît moins approprié. C'est pourquoi d'autres actions, comme par exemple toucher l'écran, tapoter ou appuyer sur l'écran sont utilisées en lieu et place de cliquer. Cet ouvrage fait référence aux appareils Android en général, qu'ils possèdent un écran tactile ou non comme pour les netbooks. Si bien que les termes cliquer et appuyer seront utilisés ici indifféremment et désigneront la même action.

Une application Android comportant une interface utilisateur est composée d'une ou de plusieurs activités. Pour l'instant, retenons juste qu'à une activité correspond ce que l'on appellera une page d'écran. Une page d'écran peut être vue comme une page web par exemple, avec son interface graphique : texte, boutons, images...

De nombreux composants sont fournis par Android pour aider à la réalisation de telles interfaces. Nous allons découvrir dans ce chapitre les principaux composants que sont les vues, les layouts (conteneur de vues), les widgets (composants), les menus...

Mais auparavant, commençons par découvrir comment le système Android permet de réaliser des applications fonctionnant sur tout type d'écrans.

B Écrans

L'une des particularités du système Android est qu'il peut s'adapter à bon nombre de configurations matérielles différentes.

L'élément le plus visible confirmant cela est sans nul doute l'écran, notamment sa taille. Cela va du petit smartphone dont la diagonale de l'écran fait 6,5 cm jusqu'à la tablette tactile de 30 cm en passant par bon nombre de tailles intermédiaires, sans compter les télévisions embarquant le système Google TV basé sur Android...

Mais la taille n'est qu'une des caractéristiques de l'écran. La résolution de l'écran en est une autre, allant généralement de pair avec la première. Ainsi, dans la plupart des cas, plus la taille de l'écran est grande, plus la résolution qu'il offre est meilleure. On trouve donc des appareils Android ayant une petite résolution de 240 x 320 pixels (QVGA) jusqu'à ceux en ayant une de 1366 x 768 pixels (WXGA au format 16/9) ou encore 1280 x 800 pixels (WXGA au format 16/10).

Bref, on le voit, le système Android peut fonctionner sous de nombreuses et diverses configurations d'écrans. Dès lors une application faite pour un écran de smartphone à petite résolution fera pâle figure dans l'immensité d'un grand écran à haute résolution. Afin d'offrir à l'utilisateur la meilleure expérience possible quant à l'utilisation de l'application, le développeur devra faire en sorte que l'application s'adapte elle aussi aux différentes tailles et résolutions d'écran des appareils Android sur lesquels l'application peut s'exécuter.

Android classe les écrans selon leur taille de diagonale en quatre catégories : `small` (petite), `normal` (normale), `large` (grande) et `xlarge` (très grande). Cette dernière catégorie est proposée depuis Android 2.3 (API 9). On trouvera par exemple des écrans d'environ 6,35 cm (2,5 pouces) de taille de diagonale dans la catégorie petite, d'environ 10 cm (4 pouces) dans la normale, d'environ 18 cm (7 pouces) dans la grande et d'environ 25 cm (10 pouces) dans la très grande.

Plusieurs résolutions peuvent exister à l'intérieur d'une même catégorie. Si bien que pour une même surface d'écran, le nombre de pixels peut varier sensiblement. Le nombre de pixels sur une surface représente la densité. Elle est exprimée en points par pouce notés `dpi` (*dots-per-inch*).

Android classe donc aussi les écrans en quatre autres catégories selon leur densité de pixels : `ldpi` (faible), `mdpi` (moyenne), `hdpi` (haute) et `xhdpi` (très haute). Cette dernière catégorie est proposée depuis Android 2.2 (API 8). On trouvera par exemple des valeurs de 120 dpi pour les densités faibles, 160 dpi pour les moyennes, 240 dpi pour les hautes et 320 dpi pour les très hautes. Ce sont d'ailleurs ces valeurs de densités qui servent d'étalons.

Il est possible d'obtenir les caractéristiques de l'écran, comme sa résolution et sa densité. Pour cela, il faut utiliser la méthode `getWindowManager` depuis une activité pour récupérer l'instance du gestionnaire de fenêtre. L'appel à la méthode `getDefaultDisplay` sur cette instance permet ensuite de récupérer un objet de type `Display` contenant les informations souhaitées. Il ne reste plus qu'à les récupérer dans un objet de type `DisplayMetrics` en utilisant la méthode `getMetrics`.

Exemple

```
DisplayMetrics metrics = new DisplayMetrics();
getWindowManager().getDefaultDisplay().getMetrics(metrics);
int densiteDpi = metrics.densityDpi;
int resolutionX = metrics.widthPixels;
int resolutionY = metrics.heightPixels;
```

Mais à taille d'écran strictement identique, un bouton de 100 pixels de largeur, par exemple, aura une taille d'affichage différente si les résolutions sont différentes. Pour éviter cela, Android recommande d'utiliser une nouvelle unité : le `dp` ou `dip` (*density-independent pixel*) ou pixel à densité indépendante.

> *Ne pas confondre dpi et dip !*

Le système se charge de convertir une valeur en dip en nombre de pixels physiques en tenant compte de la densité de l'écran. La dimension physique résultante sera la même quelle que soit la densité de l'écran. C'est-à-dire que le bouton aura la même taille physique sur tous les écrans.

Sous Android, les dimensions peuvent en fait être spécifiées sous différentes unités. Ces unités sont répertoriées dans le tableau suivant :

Unité	Description
`dp` ou `dip`	(*density-independent pixel*). Unité indépendante de la densité de l'écran.
`sp` ou `sip`	(scale-independent pixel). Unité dépendante de la taille préférée de police de caractère. Cette unité est utilisée pour les tailles de police des chaînes de caractères.
`px`	Pixel. Unité minimale graphique.
`in`	Pouce. Unité de mesure valant 2,54 cm.
`mm`	Millimètre.

Afin de ne pas mélanger dip et dpi, il est préférable d'utiliser uniquement dp et sp.

Afin qu'une application puisse s'adapter correctement à tous types d'écrans, tailles et résolutions, il est vivement recommandé de n'utiliser que des dimensions indépendantes de la densité, c'est-à-dire spécifiées en dp, en dip, en sp ou en sip.

Il est possible de spécifier différentes variantes d'une même image selon la densité de l'écran. Android recherche la ressource correspondant d'abord à la catégorie de densité de l'écran courant. Si elle existe, elle est utilisée telle quelle.

Sinon, Android recherche cette ressource dans une autre densité, en priorité dans les densités plus hautes que l'actuelle. Une fois trouvée, le système la retaille en utilisant un certain facteur.

Pour connaître le facteur à appliquer, le système utilise l'échelle suivante indiquant les différents ratios : 3-4-6-8 correspondant respectivement aux différentes densités : `ldpi`, `mdpi`, `hdpi` et `xhdpi`.

Par exemple, si la densité de l'écran est haute (`hdpi`) et que la ressource n'existe pas dans cette densité ni dans une densité supérieure (`xhdpi`), le système peut utiliser celle de densité moyenne (`mdpi`) à supposer qu'elle existe. Puis le système modifie automatiquement sa taille en appliquant un facteur de 1,5, soit 6/4, pour les hautes densités (`hdpi`). Si l'écran a une densité faible (`ldpi`), le facteur utilisé est 0,75, soit 3/4.

Le développeur qui souhaite fournir des images dédiées à une catégorie de densités spécifique pourra utiliser les mêmes coefficients multiplicateurs pour déterminer la taille à fournir pour ces densités.

Par exemple, s'il fournit une image de 100x100 pixels pour une densité normale (`mdpi`) et s'il souhaite en fournir une pour une densité haute, cette image devrait avoir une taille de 150x150 pixels, soit un coefficient multiplicateur de 1,5.

Comme déjà vu au chapitre précédent, il est possible de fournir plusieurs variantes d'une même image selon la densité de l'écran utilisé. Pour cela, ces variantes doivent être réparties dans différents sous-dossiers `drawable` du dossier `res` dont le qualificatif composant le nom de sous-dossier est la catégorie de densité de l'écran.

> *Les ressources qui se trouvent dans le dossier `res/drawable` sont considérées être des ressources de moyenne densité (`mdpi`).*

Syntaxe

```
drawable-catégorie_densité
```

<u>*Exemple*</u>

res/drawable-hdpi/icon.png

res/drawable-ldpi/icon.png

res/drawable-mdpi/icon.png

Depuis Android 1.6 (API 4), il est possible d'utiliser la balise `supports-screen` dans le manifeste pour indiquer au système, et accessoirement à l'Android Market, avec quelles catégories de tailles d'écrans est compatible l'application.

À chacune de ces catégories correspond un attribut dans cette balise : `android:smallScreens`, `android:normalScreens`, `android:largeScreens` et `android:xlargeScreens`. Ceux-ci prennent une valeur booléenne indiquant si l'application supporte la catégorie correspondante ou non. Si ce n'est pas le cas, le système recherche la meilleure solution d'affichage compatible possible et convertit automatiquement les dimensions pour les adapter à l'écran utilisé.

> *Les valeurs par défaut de ces attributs dépendent des valeurs des attributs `android:minSdkVersion` et `android:targetSdkVersion`. Dès lors, le plus simple est de préciser ces valeurs explicitement dans le manifeste afin de lever toute ambiguïté.*

L'attribut `android:anyDensity` prend un booléen indiquant si l'application a été conçue de façon à être indépendante de la densité, ou plus concrètement si elle utilise des dimensions de type dp ou sp ou qu'elle convertit les dimensions spécifiées en pixels. Dans le cas contraire, le système exécutera l'application dans un mode de compatibilité.

> *Pour rappel, il est fortement conseillé de réaliser des applications dont l'interface est indépendante de la densité de l'écran.*

Syntaxe

```
<supports-screens
  android:smallScreens="booléen"
  android:normalScreens="booléen"
  android:largeScreens="booléen"
  android:xlargeScreens="booléen"
  android:anyDensity="booléen"
  ...
/>
```

Exemple

```
<?xml version="1.0" encoding="utf-8"?>
<manifest
    xmlns:android="http://schemas.android.com/apk/res/android"
    package="fr.mondomaine.android.monappli"
    android:versionCode="1"
    android:versionName="1.0">

  <uses-sdk android:minSdkVersion="8"
            android:targetSdkVersion="11" />

  <supports-screens
      android:smallScreens="true"
      android:normalScreens="true"
      android:largeScreens="true"
      android:xlargeScreens="true"
      android:anyDensity="true" />

  <application android:icon="@drawable/icon"
             android:label="@string/app_name">
    <activity android:name=".MonActivitePrincipale"
            android:label="@string/app_name">
      <intent-filter>
        <action android:name="android.intent.action.MAIN" />
        <category
            android:name="android.intent.category.LAUNCHER" />
      </intent-filter>
    </activity>

</manifest>
```

C
Mode programmatique et mode déclaratif

Pour réaliser une interface utilisateur, le développeur dispose de deux techniques :

- Le mode programmatique : l'interface est réalisée via l'écriture de code Java directement dans le code Java de l'application. Ce mode permet de générer l'interface dynamiquement mais a pour conséquence de mélanger le code de conception de l'interface avec le code de l'application.
- Le mode déclaratif : l'interface est réalisée via l'écriture de code XML dans des fichiers XML séparés. Ce mode permet donc d'isoler le code de l'interface utilisateur du code de l'application en Java.

Ces deux modes ne sont pas antinomiques. Ils peuvent être aussi bien utilisés seuls que combinés ensemble pour tirer parti au maximum des avantages de chacun d'eux.

Sous Eclipse, le plugin ADT précédemment installé permet d'obtenir des onglets supplémentaires correspondant à différentes vues du fichier actuellement édité.

Par exemple, l'ouverture d'un fichier layout (cf. section Layouts dans ce chapitre) permet d'éditer le fichier à la fois via un éditeur de code XML et via une interface graphique nommée **Graphical Layout**.

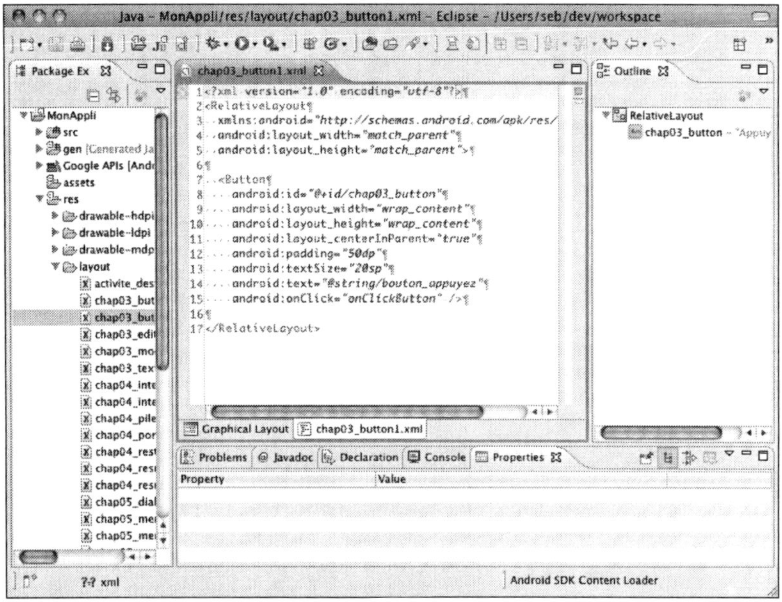

Éditeur XML

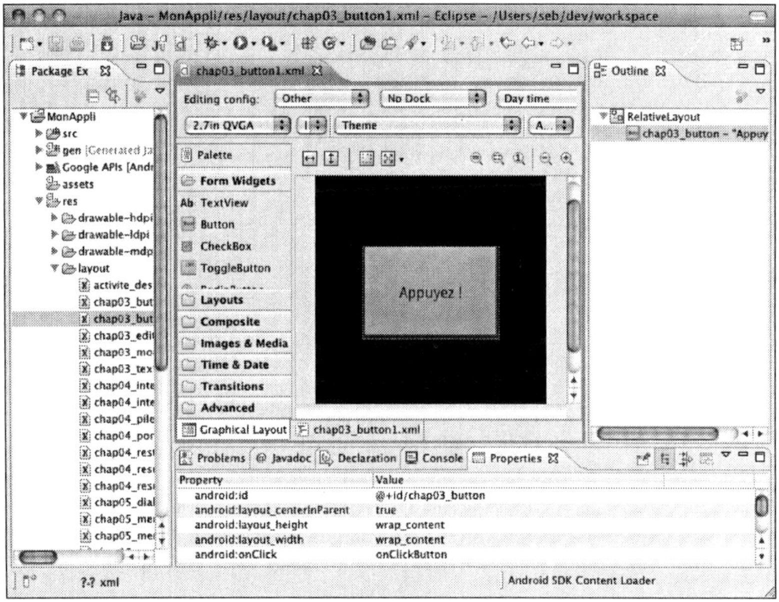

Éditeur graphique

N'hésitez pas à découvrir les vues associées aux autres types de fichiers.

D Vues

L'élément de base de l'interface utilisateur est la vue (classe `View`).

Tous les autres éléments de l'interface utilisateur héritent de la classe `View`. C'est le cas, notamment, de la classe `ViewGroup` qui est une vue permettant de contenir plusieurs autres vues. On l'appellera conteneur de vues.

Dès lors, l'interface utilisateur d'une activité est composée d'un ensemble de vues et de conteneurs de vues. Pour une activité donnée, on obtiendra par exemple une hiérarchie de vues du type :

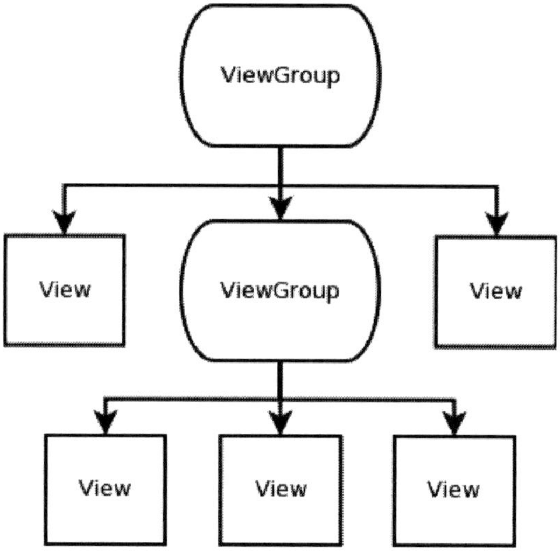

Hiérarchie des vues d'une activité

Cette hiérarchie permet d'ordonner l'affichage des vues. La vue qui se trouve à la racine de la hiérarchie est dessinée en première. S'il s'agit d'un conteneur de vue, alors ce conteneur demande à ses vues enfants de se dessiner et ainsi de suite jusqu'à ce que toutes les vues soient dessinées.

Une vue possède des propriétés. Toutes les classes enfants de la classe `View` hériteront de ces propriétés. Découvrons les principales :

Propriété	Description
`android:background`	Élément à utiliser pour le fond de la vue (image, couleur...).
`android:clickable`	Spécifie si la vue réagit aux clics.
`android:id`	Identifiant unique de la vue.
`android:minHeight`	Hauteur minimale de la vue.
`android:minWidth`	Largeur minimale de la vue.
`android:onClick`	Nom de la méthode de l'activité à exécuter lorsque l'utilisateur clique sur la vue.
`android:padding`	Dimension de la marge interne pour les quatre côtés de la vue.
`android:paddingBottom`	Dimension de la marge interne basse de la vue.
`android:paddingLeft`	Dimension de la marge interne gauche de la vue.
`android:paddingRight`	Dimension de la marge interne droite de la vue.
`android:paddingTop`	Dimension de la marge interne haute de la vue.
`android:tag`	Permet d'associer un objet à la vue.
`android:visibility`	Spécifie la visibilité de la vue.

> *L'attribut `android:tag` peut revêtir différents rôles et s'avérer d'une grande utilité dans bon nombre de situations. C'est une propriété laissée au bon usage du développeur. Par exemple, cela permet d'associer une donnée à la vue.*

E Layouts

Les layouts sont des conteneurs de vues (`ViewGroup`) prédéfinis fournis par Android. Chaque layout propose un style de mise en page différent permettant aux vues de se positionner les unes par rapport aux autres ou par rapport au conteneur parent.

Les principaux layouts prédéfinis sont `FrameLayout`, `LinearLayout`, `RelativeLayout`, `TableLayout`. Ils offrent respectivement une structure de positionnement des vues par plan, linéaire, relative et sous forme de tableau.

FrameLayout

Conteneur réduit à sa plus simple expression. Tout ce qu'il contient sera dessiné à partir du coin en haut à gauche. Les derniers éléments enfants ajoutés seront dessinés par dessus les plus anciens.

LinearLayout

Conteneur dont les éléments enfants sont disposés, suivant la valeur de l'attribut orientation, soit :

- Verticalement, les uns sous les autres, un seul élément par ligne.
- Horizontalement, les uns après les autres, à la droite du précédent.

RelativeLayout

Conteneur dont les positions des vues enfants sont précisées par rapport à la vue parente ou par rapport aux autres vues enfants.

TableLayout

Conteneur dont les éléments enfants sont disposés sous forme de tableau. Les vues enfants sont des objets `TableRow` définissant chacun une ligne du tableau. Les éléments enfants des objets `TableRow` sont les cellules du tableau.

1 Mode déclaratif

Le mode déclaratif est le mode le plus simple pour déclarer l'interface utilisateur d'un écran. Voyons tout d'abord comment déclarer ce layout puis dans un second temps comment l'utiliser.

a Déclaration du layout

La première étape consiste à créer un fichier au format XML, dans le répertoire `res/layout` du projet.

Pour rappel (cf. chapitre Premiers pas - Structure d'un projet Android), le nom du dossier `layout` peut être spécialisé pour filtrer l'usage des layouts selon certaines caractéristiques. Il est notamment possible de fournir différents layouts pour un même écran, au sens interface, selon la catégorie de la taille de l'écran physique. Pour cela, le qualificatif à utiliser est le nom de la catégorie de la taille d'écran.

> *Les ressources qui se trouvent dans le dossier `res/layout` sont considérées être des ressources pour des écrans de tailles normales (normal).*

Exemple

res/layout-small/principal.xml

res/layout-normal/principal.xml

res/layout-xlarge/principal.xml

Il est également possible de créer des layouts différents selon l'orientation de l'écran. Le qualificatif à spécifier est `port` pour le mode portrait et `land` pour le mode paysage. Les différentes catégories de qualificatifs peuvent être combinées ensemble pour affiner davantage le filtre.

Exemple

res/layout-port/principal.xml

res/layout-xlarge-land/principal.xml

Le fichier layout XML doit avoir la syntaxe suivante :

Syntaxe

```
<?xml version="1.0" encoding="utf-8"?>
<Type_de_layout
    xmlns:android="http://schemas.android.com/apk/res/android"
    android:layout_width="dimension"
    android:layout_height="dimension"
    ... >
    ...
</Type_de_layout>
```

La première ligne décrit la version XML et l'encodage du fichier.

La seconde ligne spécifie le type de layout souhaité en utilisant la balise XML correspondante. On spécifie ensuite les propriétés de cette balise et donc du layout.

> *Le layout racine de l'écran doit spécifier l'attribut `xmlns:android` avec la valeur précédemment donnée afin de définir l'espace de noms android qui sera utilisé pour la déclaration des attributs.*

Les attributs `android:layout_width` et `android:layout_height` sont obligatoirement requis sans quoi une exception est générée.

Les valeurs possibles de ces attributs sont :

- `match_parent` : la vue est aussi grande que la vue parente moins les valeurs d'espacements (padding). Depuis la version 8 du SDK, cette valeur remplace la valeur `fill_parent`.

- `wrap_content` : la vue est aux dimensions de son contenu plus les valeurs d'espacement (padding). C'est-à-dire de taille la plus petite possible mais suffisante pour afficher son contenu.
- une dimension : la vue est précisément dimensionnée selon cette valeur. Une dimension s'écrit avec un nombre, à virgule flottante si besoin, suivi d'une unité. Par exemple : `42dp`.

> *Pour rappel, afin qu'une application puisse s'adapter correctement à tous types d'écrans, tailles et résolutions, il est vivement recommandé de n'utiliser que des dimensions indépendantes de la densité. Ainsi, pour les dimensions d'un layout, il sera privilégié les valeurs `match_parent`, `wrap_content` et celles spécifiées en dp.*

Exemple

```
<?xml version="1.0" encoding="utf-8"?>
<RelativeLayout
   xmlns:android="http://schemas.android.com/apk/res/android"
   android:layout_width="match_parent"
   android:layout_height="match_parent" >
</RelativeLayout>
```

Dans cet exemple, l'écran comporte un layout relatif dont les dimensions seront celles de la vue parente. C'est-à-dire ici l'écran entier à l'exception de la barre de statut et de la barre de titre tout en haut.

b Utilisation du layout

Maintenant que le layout est défini dans le fichier XML, il faut qu'une activité l'utilise pour créer son interface utilisateur. On utilise pour cela la méthode `setContentView` de la classe `Activity`.

Syntaxe

```
public void setContentView (int layoutResID)
```

Cette méthode prend en paramètre un nombre entier qui est l'identifiant unique du layout.

Exemple

```
public void onCreate(Bundle savedInstanceState) {
    super.onCreate(savedInstanceState);
    setContentView(R.layout.principal);
}
```

Dans cet exemple, l'activité courante utilise le fichier nommé `res/layout/principal.xml` pour construire l'interface utilisateur à afficher dès la création de l'activité.

On spécifie la constante `R.layout.principal` plutôt qu'un nombre entier. Pour rappel, cette constante est générée automatiquement lors de la compilation du projet dans le fichier `gen/`paquetage/`R.java`. Elle contient la valeur de l'identifiant unique du layout principal. Cette valeur peut changer à chaque compilation suivant l'ajout ou la suppression de nouvelles ressources, ce qui la rend inutilisable en tant que telle. D'où l'utilisation de la constante permettant au développeur de faire abstraction de la valeur intrinsèque.

2 Mode programmatique

Le mode programmatique est le plus souple et le plus puissant des deux modes. En contrepartie, c'est aussi le plus complexe.

Il permet de générer dynamiquement l'interface utilisateur lors de la création de l'activité. Mais aussi et surtout, il permet de modifier cette interface pendant l'exécution de l'application. Par exemple, lorsqu'un bouton **OK** grisé doit être activable lorsque l'utilisateur a rempli tous les champs d'un formulaire.

Création et utilisation du layout

Pour créer un layout, il faut instancier un nouvel objet de la classe du type du layout souhaité. Prenons par exemple un layout relatif.

Syntaxe

```
public RelativeLayout (Context context)
```

Ce constructeur prend en paramètre un contexte. Pour l'instant, retenons juste que le contexte regroupe un ensemble d'informations concernant l'environnement de l'application. Et que la classe `Activity` hérite indirectement de la classe `Context`.

Une fois l'objet créé, il faut lui spécifier ses dimensions en utilisant sa méthode `setLayoutParams`.

Syntaxe

```
public void setLayoutParams (ViewGroup.LayoutParams params)
```

Cette méthode prend en paramètre un objet de type `ViewGroup.LayoutParams`. Il faut donc en créer un en utilisant l'un de ses constructeurs.

Syntaxe

```
public ViewGroup.LayoutParams (int width, int height)
```

Les paramètres `width` et `height` sont des nombres entiers. Comme nous l'avons vu précédemment, ce peut être une valeur parmi `match_parent`, `wrap_content` ou une dimension.

Et pour finir, il faut définir ce layout en tant que vue racine de l'activité concernée afin d'en faire son interface utilisateur grâce à la deuxième méthode `setContentView` qui prend cette fois-ci en paramètre un objet de type `View`.

Syntaxe

```
public void setContentView (View view)
```

Exemple

```
public void onCreate(Bundle savedInstanceState) {
    super.onCreate(savedInstanceState);

    RelativeLayout layout = new RelativeLayout(this);
    LayoutParams lp = new LayoutParams(LayoutParams.MATCH_PARENT,
      LayoutParams.MATCH_PARENT);
    layout.setLayoutParams(lp);
```

```
    setContentView(layout);
}
```

Dans cet exemple, le constructeur `RelativeLayout` prend en paramètre `this` car la méthode `onCreate` est celle d'un objet héritant de la classe `Activity` qui hérite elle-même de la classe `Context`.

3 Combinaison des deux modes

Dans la majorité des cas, on préfère déclarer les layouts en mode déclaratif de façon à séparer l'interface utilisateur du code de l'application. On spécifie des valeurs par défaut aux attributs des vues déclarées que l'on pourra ensuite modifier lors de l'exécution de l'application via le mode programmatique.

Cela permet d'avoir une vision claire de la hiérarchie des vues établie dans le layout. Et cela permet aussi de pouvoir spécifier différents layouts suivant la taille de l'écran, la langue utilisée par l'utilisateur... sans avoir à modifier le code de l'application.

Ainsi, on réunit le meilleur des deux modes. C'est cette façon de faire qui sera privilégiée dans la suite de cet ouvrage pour les layouts et autres composants graphiques.

F Widgets

Un widget est un composant de l'interface graphique qui peut ou non permettre l'interaction avec l'utilisateur.

De base, Android fournit un ensemble de composants permettant la création d'interface graphique plus ou moins complexe.

1 Déclaration

La déclaration de ces composants est aisée dans les fichiers de layouts au format XML. La syntaxe de leur déclaration est la suivante.

Syntaxe

```
<Type_de_widget
    android:id="@[+][paquetage:]id/nom_ressource"
    android:layout_width="dimension"
    android:layout_height="dimension"
    ...
/>
```

La propriété `android:id` permet d'associer un identifiant unique au composant. C'est une propriété optionnelle mais grâce à cet identifiant, il est aisé de récupérer l'objet correspondant dans le code Java pour ensuite le modifier. C'est pourquoi elle est indiquée ici.

Généralement, la valeur de l'identifiant unique sera de la forme `@+id`/nom_ressource. Le signe plus indique qu'il s'agit d'un nouvel identifiant. Celui-ci se verra donc assigner une nouvelle valeur de façon automatique lors de la génération du fichier `R.java`.

2 Utilisation

Pour pouvoir utiliser le composant depuis le code Java de l'application, il suffit d'utiliser la méthode `findViewById` et de lui spécifier en paramètre l'identifiant unique du composant concerné. Cette méthode retourne un objet de type `View` qu'il faut ensuite convertir dans le type de la classe concernée.

Syntaxe

```
public View findViewById (int id)
```

3 Découverte de quelques widgets

Il serait bien trop long de présenter exhaustivement tous les composants et toutes leurs propriétés. Certains composants pouvant avoir plus d'une cinquantaine de propriétés spécifiques.

Tous ces composants font partie du paquetage `android.widget`.

C'est pourquoi nous allons présenter uniquement les principaux composants graphiques fournis par Android et quelques-unes de leurs principales propriétés.

À chaque fois, une copie d'écran sera fournie avec une partie du code utilisé en exemple.

a TextView (Champ de texte)

Le composant `TextView` permet d'afficher du texte.

Composant TextView

Les principales propriétés du composant `TextView` sont :

Propriété	Description
`android:autoLink`	Permet de convertir automatiquement les liens hypertextes et les adresses de messagerie électronique en liens cliquables.
`android:ellipsize`	Spécifie comment doit s'afficher le texte lorsqu'il est plus long que la vue.
`android:gravity`	Indique où doit être positionné le texte dans sa vue lorsqu'il est plus petit qu'elle.
`android:height`	Hauteur du composant.
`android:lines`	Nombre exact de lignes à afficher.
`android:maxHeight`	Hauteur maximale du composant.
`android:maxLines`	Nombre maximum de lignes à afficher.
`android:maxWidth`	Largeur maximale du composant.
`android:minLines`	Nombre minimum de lignes à afficher.
`android:text`	Texte à afficher.
`android:textColor`	Couleur du texte.
`android:textSize`	Taille du texte.
`android:textStyle`	Style du texte.
`android:width`	Largeur du composant.

À savoir : le composant `TextView` possède également quatre propriétés permettant d'afficher à ses côtés une ressource de type `Drawable`, comme une image par exemple. Ce sont les propriétés : `android:drawableTop`, `android:drawableBottom`, `android:drawableLeft` et `android:drawableRight`.

Exemple

```
<?xml version="1.0" encoding="utf-8"?>
<RelativeLayout
    xmlns:android="http://schemas.android.com/apk/res/android"
    android:layout_width="match_parent"
    android:layout_height="match_parent" >

    <TextView android:id="@+id/textview_message"
        android:layout_width="wrap_content"
        android:layout_height="wrap_content"
        android:layout_centerInParent="true"
        android:background="#FFF"
        android:textColor="#000"
        android:textSize="14sp"
        android:maxLines="3"
        android:gravity="center"
        android:text="@string/message" />

</RelativeLayout>
```

Les propriétés du composant peuvent être modifiées dans le code Java en utilisant la méthode `findViewById` comme vu précédemment.

Exemple

```
public void onCreate(Bundle savedInstanceState) {
    super.onCreate(savedInstanceState);

    setContentView(R.layout.textview);
         TextView msg = (TextView) findViewById(R.id.textview_message);
    msg.setText(R.string.nouveau_message);
}
```

Dans cet exemple, on modifie le texte du composant avant de l'afficher.

> *L'utilisation de couleurs pour le fond des vues permet de vérifier rapidement les dimensions des vues.*

b EditText (Champ de texte de saisie)

Le composant `EditText` permet la saisie du texte par l'utilisateur. Lorsque l'utilisateur clique sur le composant, le clavier virtuel apparaît. L'utilisateur peut également utiliser le clavier physique si l'appareil en possède un.

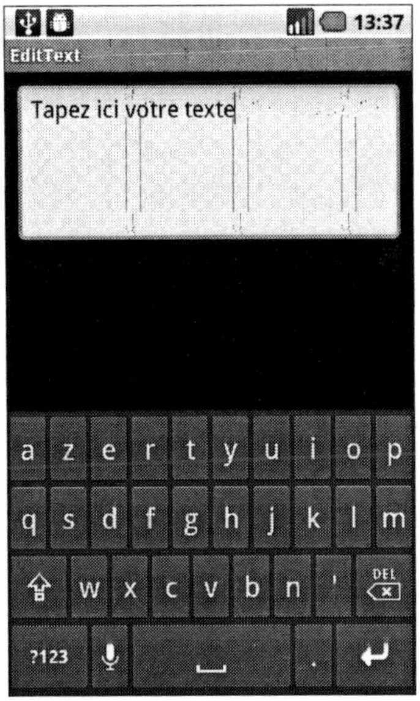

Composant EditText

Ce composant hérite du composant `TextView`. Ses propriétés sont les mêmes que celles du composant `TextView`. Les principales propriétés utilisées pour ce composant sont :

Propriété	Description
`android:inputType`	Permet de filtrer la saisie de l'utilisateur en spécifiant le type de donnée qu'accepte ce composant.
`android:scroll Horizontally`	Permet de faire défiler le texte horizontalement lorsque celui-ci est plus grand que la largeur du composant.

Exemple

```
<?xml version="1.0" encoding="utf-8"?>
<RelativeLayout
    xmlns:android="http://schemas.android.com/apk/res/android"
    android:layout_width="match_parent"
```

```
    android:layout_height="match_parent" >

    <EditText android:id="@+id/edit_texte"
        android:layout_width="match_parent"
        android:layout_height="wrap_content"
        android:layout_margin="10dp"
        android:background="#FFF"
        android:textColor="#000"
        android:lines="5"
        android:gravity="top"
        android:inputType="textMultiLine|textAutoCorrect"
        android:text="@string/edit_texte"/>

</RelativeLayout>
```

c Button (Bouton)

Le composant `Button` représente un bouton que l'utilisateur peut presser et cliquer. Des actions peuvent être associées à ces états.

Composant Button

Ce composant hérite du composant `TextView`. Ses propriétés sont les mêmes que celles du composant `TextView`. Les principales propriétés utilisées pour ce composant sont :

Propriété	Description
`android:text`	Texte à afficher sur le bouton.
`android:onClick`	Nom de la méthode de l'activité à exécuter lorsque l'utilisateur clique sur la vue.

L'usage de la propriété `onClick` implique la création de la méthode correspondante dans la classe de l'activité. Cette méthode doit être définie publiquement et prendre en paramètre un objet de type `View`.

Syntaxe

```
public void nomMethode(View vueConcernee)
```

Exemple

```
<?xml version="1.0" encoding="utf-8"?>
<RelativeLayout
    xmlns:android="http://schemas.android.com/apk/res/android"
    android:layout_width="match_parent"
    android:layout_height="match_parent" >

    <Button android:id="@+id/button1_cliquez_moi"
        android:layout_width="wrap_content"
        android:layout_height="wrap_content"
        android:layout_centerInParent="true"
        android:padding="50dp"
        android:textSize="20sp"
        android:text="@string/cliquez_moi"
        android:onClick="onClickButton" />

</RelativeLayout>
```

Voici la méthode `onClickButton` que l'on crée dans notre activité.

```
public void onClickButton(View view) {
    ((Button)view).setText(R.string.cliquez_moi_fait);
}
```

Dans cet exemple, lorsque l'utilisateur clique sur le bouton, la propriété `onClick` indique qu'il faut exécuter la méthode `onClickButton`. Celle-ci prend en paramètre la vue concernée. Ici, il s'agit d'un bouton donc nous convertissons la vue en bouton afin de pouvoir modifier son texte.

Il existe une alternative à l'usage de la propriété `onClick` qui consiste à déclarer l'action à réaliser dans le code Java plutôt que dans le code XML.

Pour ce faire, on utilisera la méthode `setOnClickListener` de l'objet bouton pour définir l'action à réaliser lorsque l'utilisateur cliquera sur le bouton.

Syntaxe

```
public void setOnClickListener (View.OnClickListener l)
```

Cette méthode prend en paramètre un objet de type `View.onClickListener`. Il faut donc en créer un et implémenter sa méthode abstraite `onClick` où l'on renseignera l'action à réaliser.

Syntaxe

```
public void onClick (View v)
```

Exemple

```
<?xml version="1.0" encoding="utf-8"?>
<RelativeLayout
    xmlns:android="http://schemas.android.com/apk/res/android"
    android:layout_width="match_parent"
    android:layout_height="match_parent" >

    <Button android:id="@+id/button2_cliquez_moi"
        android:layout_width="wrap_content"
        android:layout_height="wrap_content"
        android:layout_centerInParent="true"
        android:padding="50dp"
        android:textSize="20sp"
        android:text="@string/cliquez_moi" />

</RelativeLayout>
```

Ci-dessous la déclaration de l'évènement à exécuter :

```
public void onCreate(Bundle savedInstanceState) {
    super.onCreate(savedInstanceState);

    setContentView(R.layout.button2);
    final Button btn =
      (Button) findViewById(R.id.button_cliquez_moi);
    btn.setOnClickListener(new View.OnClickListener() {
        public void onClick(View v) {
          btn.setText(R.string.cliquez_moi_fait);
        }
    });
}
```

d Et les autres

Beaucoup d'autres composants, plus ou moins sophistiqués, sont proposés. Sont disponibles, par exemple, les cases à cocher (`CheckBox`), les boutons radio (`RadioButton`), les listes déroulantes (`Spinner`), les barres de progression (`ProgressBar`), les images (`ImageView`)...

Sous Android 3.0 (API 11) sont apparus de nouveaux composants dont notamment un calendrier (`CalendarView`), une liste de choix dans une fenêtre flottante (`ListPopupWindow`) et un sélecteur de nombre (`NumberPicker`).

Chapitre 3
Les fondations

A Introduction

Évoquée légèrement jusqu'ici, l'activité est l'un des composants applicatifs phare du système Android. Elle est étudiée plus en détail dans ce chapitre.

Mais auparavant, nous découvrirons les intentions qui sont le liant des différents composants applicatifs du système Android. Grâce à elles, une application Android peut, notamment, profiter des autres applications installées sur le système, et ce, sans les connaître. En effet, les intentions sont résolues dynamiquement à l'exécution du système.

Enfin, avant toute chose, il faut bien retenir de suite qu'une des notions les plus importantes du système Android est que c'est le système qui gère le cycle de vie des applications. Plus particulièrement, c'est le système qui décide quand une application sera détruite, notamment en fonction des ressources disponibles du système concernant le processeur, la mémoire... ou en fonction de la durée d'inactivité de l'utilisateur... Il en résulte que toute application sérieusement développée devra donc tenir compte de cela.

Cet avertissement étant réalisé, découvrons tout de suite les intentions puis les activités.

B Intention

L'une des grandes forces d'Android est qu'il permet de ne pas lier statiquement les composants applicatifs les uns aux autres et les rend de ce fait les plus indépendants possible. Ce principe est poussé si loin qu'il permet même de pouvoir utiliser des composants applicatifs d'une application depuis une autre application sans les connaître lors de l'écriture du code. Ils seront choisis lors de l'exécution de l'application, soit par le système, soit par l'utilisateur.

Pour pouvoir réaliser cela et faire communiquer dynamiquement ces composants entre eux, Android fournit les objets de type `Intent` (intention). Comme son nom l'indique, une intention désigne une action à réaliser. Mais une intention peut également décrire un événement qui vient de se produire comme c'est le cas pour les récepteurs d'évènements.

> *Un objet de type `Intent` encapsule uniquement des informations, tel un message. Ce sont au composant source et au système d'en faire usage afin d'exploiter l'intention qu'il renferme.*

Android fournit des noms d'action génériques utilisables tels quels. Par exemple, `android.intent.action.DIAL` pour lancer un appel téléphonique.

Le développeur peut également créer ses propres actions. Puisque ces actions peuvent avoir une portée globale dans le système, il est demandé de nommer les actions créées en les précédant du nom du paquetage de l'application qui les crée.

L'action d'un objet de type `Intent` peut être spécifiée et récupérée en utilisant les méthodes `setAction` et `getAction`.

Syntaxe

```
public Intent setAction (String action)
public String getAction ()
```

> *La méthode `setAction` retourne le même objet de type `Intent` afin de pouvoir chaîner les appels de méthodes.*

Pour être réalisée, l'action spécifiée dans l'intention peut avoir besoin de données. Elle peut également avoir besoin d'informations précisant les données qui doivent être utilisées ou modifiées par l'action. Toutes ces informations peuvent être fournies à l'objet de type `Intent` sous la forme de catégorie, de données ou d'Extras.

La catégorie est utilisée pour déterminer le type de composant qui doit réaliser l'action. Il existe plusieurs catégories par défaut. Le développeur peut, là encore, en définir de nouvelles. Pour ajouter une catégorie à un intent, il suffit d'appeler sa méthode `addCategory` et de lui fournir une chaîne de caractères en paramètre nommant la catégorie.

<u>*Syntaxe*</u>

```
public Intent addCategory (String category)
```

Les données regroupent l'URI et le type MIME de la donnée cible. Le format et le sens de ces données sont dépendants de l'action spécifiée dans l'intent. En général, le type MIME peut être déduit de l'URI. Voici les principales méthodes disponibles pour spécifier et récupérer ces informations :

<u>*Syntaxe*</u>

```
public Intent setData (Uri data)
public Uri getData ()
public Intent setType (String type)
public String getType ()
```

> *L'utilisation de `setData` et celle de `setType` sont concurrentes. Elles écrasent leurs données respectives.*

Les Extras sont d'autres données applicatives pouvant être incluses dans l'intent en utilisant la méthode `putExtras`, et la méthode `getExtras` pour les récupérer. Ces données doivent être fournies sous forme d'objet de type `Bundle`.

La fonction de la classe `Bundle` est similaire à celle de la classe `Map`, c'est-à-dire qu'elle stocke des données, associées sous forme de clés-valeurs. À une clé correspond une seule et unique valeur qui peut néanmoins être un tableau de valeurs de même type. La classe `Bundle` n'accepte que des chaînes de caractères comme clés. Les valeurs devront implémenter l'interface `Parcelable`, mécanisme de sérialisation léger spécifique à Android.

> *Attention, l'interface `Parcelable` et le type `Parcel` associé ne doivent pas être utilisés pour sérialiser des données persistantes. La représentation interne des données pouvant être modifiée à chaque nouvelle version du SDK.*

Syntaxe

```
public Intent putExtras (Bundle extras)
public Bundle getExtras ()
```

Pour plus de facilité, la classe `Intent` fournit une multitude de méthodes directes pour spécifier les données extras sans passer explicitement par l'objet `Bundle`.

Syntaxe

```
public Intent putExtra (String name, int value)
public int getIntExtra (String name, int defaultValue)
public Intent putExtra (String name, String value)
public String getStringExtra (String name)
...
```

Enfin, la méthode `addFlags` permet d'ajouter des drapeaux à un objet de type `Intent` comme nous le verrons plus loin.

Syntaxe

```
public Intent addFlags (int flags)
```

Il existe deux manières d'écrire une intention : de manière explicite ou de manière implicite.

1 Intention explicite

Une intention explicite désigne précisément le composant cible auquel elle est destinée. De fait, elle choisit aussi l'action à réaliser. L'intention peut également contenir explicitement l'action à réaliser dans le cas où le composant peut en réaliser plusieurs.

Un des usages les plus courants des intentions explicites est le lancement de composants applicatifs, notamment d'activités, à l'intérieur d'une même application.

> *Le composant destinataire est recherché parmi les composants déclarés dans le manifeste. Ainsi, si le composant n'apparaît pas dans le fichier, il ne pourra être invoqué.*

Concrètement, pour créer une intention explicite, il faut créer un objet de type `Intent` et lui fournir la classe destinataire. Pour cela, une solution consiste à utiliser un des constructeurs de la classe `Intent`. Celui-ci prend en paramètres le contexte applicatif et le nom de la classe destinataire et retourne l'objet de type `Intent` créé. Un autre constructeur permet de spécifier explicitement l'action et la donnée.

Syntaxe

```
public Intent (Context packageContext, Class<?> cls)
public Intent (String action, Uri data, Context packageContext,
  Class<?> cls)
```

Exemple

```
Intent intent = new Intent(this, MonActiviteDestinataire.class);
```

2 Intention implicite

Contrairement à l'intention explicite qui désigne le composant destinataire, l'intention implicite indique, quant à elle, l'action à réaliser. Charge au système de trouver le composant applicatif destinataire le plus à même de pouvoir réaliser cette action, généralement issu d'une autre application. S'il en existe plusieurs de mêmes niveaux, le système demandera à l'utilisateur d'en choisir un. Si le système n'en a trouvé aucun, une exception sera générée.

Découvrons d'abord comment créer une intention implicite puis comment les composants applicatifs déclarent les intentions implicites auxquelles ils peuvent répondre.

a Création

Concrètement, pour créer une intention implicite, il faut créer un objet de type `Intent` et lui fournir l'action à réaliser. Pour cela, une solution consiste à utiliser un des constructeurs de la classe `Intent` qui prend directement en paramètre l'action. Un autre constructeur permet de spécifier la donnée associée.

Syntaxe

```
public Intent (String action)
public Intent (String action, Uri uri)
```

Exemple

```
Intent intent = new Intent(Intent.ACTION_DIAL,
  Uri.parse("tel:01020304"));
```

Le système recherchera alors le meilleur composant parmi ceux ayant déclaré la capacité de réaliser l'action demandée et répondant aux critères requis. Il utilise pour cela les valeurs `action`, `category` et `data` de l'objet `intent`.

b Filtre d'intentions

Un filtre d'intentions permet à un composant applicatif de déclarer au système le type d'intention implicite auquel il peut répondre. Seules les intentions implicites prises en compte par le filtre peuvent être traitées par le composant concerné.

> *Les filtres d'intentions n'ont aucune incidence sur les intentions explicites. Ces dernières n'ont que faire de ces filtres et passent outre.*

La déclaration des capacités d'un composant applicatif se fait en utilisant la balise `intent-filter` dans le manifeste. Un composant applicatif peut avoir plusieurs `intent-filter` différents. S'il n'en a aucun, le composant ne peut être lancé que par des intentions explicites.

Lorsqu'une intention implicite doit être traitée, le système analyse ses données et les compare aux filtres des composants disponibles. L'objet de type `Intent` doit alors satisfaire aux critères d'un des filtres pour être traité. Les critères sont l'action, la catégorie et les données.

De ce fait, les balises `intent-filter` peuvent inclure les balises `action`, `category` et `data` pour les décrire sur chacun de ces points.

Syntaxe

```
<intent-filter android:icon="ressource drawable"
               android:label="ressource texte"
               android:priority="entier" >
    ...
</intent-filter>
```

Les attributs `android:icon` et `android:label` peuvent être affichés à l'utilisateur selon les besoins. S'ils ne sont pas spécifiés, ce sont ceux du composant parent qui seront utilisés par défaut.

Si un intent correspond à plusieurs filtres d'activités ou de récepteurs d'évènements différents, l'attribut `android:priority` permet de choisir celui qui sera utilisé par le système. La valeur de cet attribut doit être un entier. Priorité est donnée à la valeur la plus grande.

La balise `action` d'un `intent-filter` désigne le nom complet de l'action que le composant peut traiter via l'attribut `android:name`. Le nom complet est composé du paquetage de l'application suivi du nom de l'action en majuscule liés par un point. Plusieurs actions peuvent être indiquées dans le même filtre `intent-filter`.

> *Il suffit que l'action de l'objet intent corresponde à une seule des actions du filtre pour que le critère de l'action soit satisfait.*

Syntaxe

```
<action android:name="chaîne de caractères" />
```

Exemple

```
<intent-filter>
  <action android:name="android.intent.action.VIEW" />
  <action android:name="fr.mondomaine.android.monappli.ACTION1" />
</intent-filter>
```

La balise `category` d'un `intent-filter` désigne le nom complet de la catégorie caractérisant le composant. Le nom complet est composé du paquetage de l'application suivi du nom de la catégorie en majuscule liés par un point. Plusieurs catégories peuvent être indiquées dans le même filtre `intent-filter`.

> *Il faut obligatoirement que toutes les catégories de l'objet intent soient incluses dans le même filtre pour que le critère de la catégorie soit satisfait. Peu importe si le filtre fournit plus de catégories que celles demandées par l'intent.*

Syntaxe

```
<category android:name="chaîne de caractères" />
```

Exemple

```
<intent-filter ...>
  <category android:name="android.intent.category.DEFAULT" />
  <category
    android:name="fr.mondomaine.android.monappli.CATEGORIE1"/>
</intent-filter>
```

La balise `data` d'un `intent-filter` permet de spécifier une URI et/ou un type MIME. Les attributs de cette balise sont nombreux et, pour certains d'entre eux, dépendants les uns des autres. De ce fait, nous découvrirons l'utilisation de cette balise et de certains de ses attributs au fur et à mesure de cet ouvrage.

> *Les données, data et type MIME, fournis par l'intent et ceux du filtre doivent correspondre parfaitement pour que le critère des données soit satisfait.*

Syntaxe

```
<data android:host="chaîne de caractères"
      android:mimeType="chaîne de caractères"
      android:path="chaîne de caractères"
      android:pathPattern="chaîne de caractères"
      android:pathPrefix="chaîne de caractères"
      android:port="chaîne de caractères"
      android:scheme="chaîne de caractères" />
```

Les valeurs des attributs `android:host`, `android:mimeType` et `android:scheme` doivent être écrites en minuscules.

Android considère que si seul le type MIME est indiqué alors le filtre, et donc le composant, accepte les données `content:` et `file:` que nous découvrirons plus tard.

Exemple

```
<intent-filter>
  <data android:mimeType="video/*" />
</intent-filter>
```

3 Intention en attente

Une intention en attente désigne un objet de type `PendingIntent`. Celui-ci contient un objet de type `Intent` décrivant une action à réaliser. Cette action peut être réalisée à une date ultérieure par une autre application en se faisant passer pour l'application qui a créé l'objet de type `PendingIntent` et en recevant ses droits pour l'occasion.

Les méthodes statiques `getActivity`, `getService` et `getBroadcast` de la classe `PendingIntent` créent un objet de type `PendingIntent` permettant respectivement de lancer une activité, un service ou de diffuser un évènement. Ces méthodes prennent en paramètres le contexte applicatif, un code non utilisé, l'intention à réaliser ainsi que des drapeaux.

Syntaxe

```
public static PendingIntent getActivity (Context context, int
requestCode, Intent intent, int flags)
public static PendingIntent getService (Context context, int
requestCode, Intent intent, int flags)
public static PendingIntent getBroadcast (Context context, int
requestCode, Intent intent, int flags)
```

Exemple

```
Intent intent = new Intent(this, MonActiviteDestinataire.class);
intent.addFlags(Intent.FLAG_ACTIVITY_NEW_TASK);
PendingIntent pendingIntent = PendingIntent.getActivity(this, 0,
  intent, PendingIntent.FLAG_UPDATE_CURRENT);
```

Cet exemple crée, ou met à jour du fait de l'utilisation du drapeau `PendingIntent.FLAG_UPDATE_CURRENT`, un objet de type `Pending Intent` chargé de lancer l'activité `MonActiviteDestinataire` à une date ultérieure.

> *L'ajout du drapeau `Intent.FLAG_ACTIVITY_NEW_TASK` est requis pour démarrer l'activité dans une nouvelle tâche (cf. section Activité).*

C Activité

Une activité est un composant applicatif indépendant qui possède la plupart du temps une interface utilisateur. Dans le cas le plus représentatif, une activité présente un écran à l'utilisateur afin d'interagir avec lui. Une application très simple peut n'avoir qu'une seule activité alors qu'une plus complexe peut en posséder plusieurs. Cependant, une seule activité de l'application est active à la fois. L'écran qu'elle gère étant celui que voit l'utilisateur.

Pour définir une activité, il faut créer une classe qui hérite de la classe `Activity` et implémenter, le cas échéant, les méthodes héritées.

L'exécution d'une activité s'opère dans le processus léger, ou thread, principal du processus de l'application. Ce thread est également appelé thread de l'interface utilisateur car lui seul permet de modifier l'interface utilisateur. Toute modification de l'interface depuis un thread concurrent génère une erreur.

Afin de préserver l'expérience utilisateur, une activité ne doit pas bloquer son thread principal plus de cinq ou dix secondes selon les cas.

1 Déclaration

Pour être utilisée, une activité doit être déclarée au système via le manifeste.

La balise `activity` contient les informations propres à une activité. Comme la plupart des balises, cette balise propose une multitude d'attributs. Nous en découvrirons certains au fur et à mesure de la découverte des fonctionnalités concernées.

Une activité acceptant de recevoir des intentions implicites doit obligatoirement déclarer la catégorie `android.intent.category.DEFAULT` dans ses filtres d'intentions. Cette catégorie est automatiquement ajoutée à l'objet intent lorsque cet objet est passé à la méthode `startActivity` ou à la méthode `startActivityForResult`.

Voici en attendant la syntaxe de cette balise et de ses trois principaux attributs :

<u>Syntaxe</u>

```
<activity android:icon="ressource drawable"
          android:label="ressource texte"
          android:name="chaîne de caractères"
          ... >
    ...
</activity>
```

Les attributs `icon` et `label` ont les mêmes fonctions que pour la balise `application` mais limitées à l'activité. S'ils ne sont pas spécifiés, ce sont ceux de l'application qui seront utilisés par défaut.

À noter que l'attribut `android:screenOrientation` permet à l'activité de préciser l'orientation qu'elle doit adopter. Par défaut, l'orientation d'une activité dépend de la tenue de l'appareil par l'utilisateur. Il est possible de ne pas réagir à ces changements d'orientation et de fixer une fois pour toutes l'orientation de l'activité en utilisant par exemple la valeur `portrait`, `landscape` ou `nosensor` correspondant respectivement à portrait, paysage et l'un ou l'autre choisi par le système selon l'appareil. Cependant, il est recommandé qu'une application ne présume pas et ne fixe pas son orientation. Ceci est d'autant plus vrai si elle doit fonctionner sur des appareils de type différent tels que les smartphones et les tablettes tactiles. Car les utilisateurs ont tendance à utiliser les premiers principalement en mode portrait et les seconds en mode paysage.

À partir d'Android 3.0 (API 11), il est possible de demander à ce que l'affichage des vues d'une activité ou d'une application en entier utilise l'accélération matérielle si elle est disponible sur le matériel utilisé. Cela permet d'améliorer les performances d'affichage des vues, des animations et plus globalement la réactivité du système. Au final, l'expérience utilisateur est meilleure. Pour cela, le développeur doit utiliser l'attribut `android:hardwareAccelerated` soit dans la balise `application` ou soit dans une ou des balises `activity` du manifeste selon l'usage souhaité.

L'attribut `android:name` permet de spécifier le nom de l'activité concernée, c'est-à-dire son nom de classe Java précédé du paquetage entier.

Exemple

```
android:name="fr.mondomaine.android.monappli.MonActivitePrincipale"
```

Pour faire plus court, le nom du paquetage étant déjà connu car spécifié par l'attribut `package` de la balise `manifest`, il est possible d'indiquer le nom de la classe de l'activité en remplaçant le paquetage par un point.

Exemple

```
android:name=".MonActivitePrincipale"
```

Exemple

```
<activity android:name=".MonActivitePrincipale"
          android:label="@string/app_name">
  <intent-filter>
    <action android:name="android.intent.action.MAIN" />
    <category android:name="android.intent.category.LAUNCHER" />
  </intent-filter>
</activity>
```

Dans cet exemple, et contrairement à ce qui est indiqué en remarque plus haut, le filtre de l'activité ne déclare pas la catégorie `android.intent.category.DEFAULT`. C'est le seul et unique cas où cela n'est pas obligatoire du fait de la déclaration combinée de l'action `android.intent.action.MAIN` et de la catégorie `android.intent.category.LAUNCHER`.

Pour rappel, l'action `android.intent.action.MAIN` signifie que le composant applicatif est le point d'entrée de l'application. Et la catégorie `android.intent.category.LAUNCHER` indique en plus que ce composant fait partie des composants qui peuvent être lancés par l'utilisateur. La combinaison de ces deux balises fait que ce composant, ici une activité, sera ajouté à l'application **Lanceur d'applications** de l'appareil Android.

> *L'application **Lanceur d'applications** est l'application affichant, sous forme de grille d'icônes et avec leur nom, la liste des applications qui peuvent être lancées par l'utilisateur.*

2 Cycle de vie

Le cycle de vie d'une activité décrit les états dans lesquels l'activité peut se trouver entre sa création, l'instanciation, et sa mort, la destruction de cette instanciation.

Lors de chaque changement d'état est appelée une méthode pouvant être dérivée dans la classe de l'activité.

Chacune de ces méthodes doit appeler sa méthode parente sans quoi une exception sera générée.

Une activité ne peut être détruite par le système tant qu'elle est dans un état précédant l'état de pause. En pause et au-delà, le système peut décider de détruire l'activité à tout instant.

a onCreate

La méthode `onCreate` est la première méthode du cycle de vie appelée lors de la création d'une activité. Elle n'est appelée qu'une seule et unique fois durant tout le cycle de vie de l'activité. La fonction de cette méthode est de permettre d'initialiser l'activité, créer les vues qui doivent être affichées à la création de l'activité, récupérer les instances de ces vues...

Si un appel à la méthode `finish` est réalisé dans cette méthode pour mettre fin directement à l'activité sans qu'elle n'ait pu s'afficher un seul instant, alors la méthode `onDestroy` sera appelée immédiatement après, court-circuitant la séquence d'appels normale : `onStart`, `onResume`, ...

Elle reçoit en paramètre un objet de type `Bundle`. Celui-ci permet de récupérer des informations, des données sauvegardées précédemment lors de la dernière exécution de cette activité. Il est décrit plus en détail plus loin.

Il faut noter que ce paramètre est nul lors de la création de cette activité.

Syntaxe

```
protected void onCreate (Bundle savedInstanceState)
```

Exemple

```
public class MonActivite extends Activity {
  @Override
  public void onCreate(Bundle savedInstanceState) {
    super.onCreate(savedInstanceState);
    setContentView(R.layout.principal);

    Intent intent = getIntent();
    traitement(intent);
```

```
  }
}
```

Dans cet exemple, la méthode appelle sa méthode parente en lui passant l'objet de type `Bundle` et appelle la méthode `setContentView` pour créer la vue initiale de l'activité qui sera affichée à l'utilisateur. La méthode `getIntent` permet de récupérer l'intent qui a demandé le lancement de cette activité.

b onStart

La méthode `onStart` est le pendant de la méthode `onStop`. Elle est appelée après la méthode `onCreate` ou après la méthode `onRestart` si l'activité était dans l'état stoppé et qu'elle revient de nouveau au premier plan.

Elle précède l'affichage de l'activité, plus précisément de sa vue.

Syntaxe

```
protected void onStart ()
```

Exemple

```
public class MonActivite extends Activity {
  @Override
  public void onStart() {
    super.onStart();
  }
}
```

c onResume

La méthode `onResume` est le pendant de la méthode `onPause`. Elle est appelée après la méthode `onStart` ou après la méthode `onPause` si l'activité était en pause et qu'elle revient de nouveau au premier plan.

À ce stade, l'activité est affichée à l'utilisateur. Une fois cette méthode quittée, l'activité va fonctionner normalement au premier plan et pouvoir interagir avec l'utilisateur.

Syntaxe

```
protected void onResume ()
```

Exemple

```
public class MonActivite extends Activity {
  @Override
  public void onResume() {
    super.onResume();
  }
}
```

d onPause

La méthode `onPause` est le pendant de la méthode `onResume`. Elle est appelée lorsqu'une autre activité va prendre la main en premier plan, et ce, dès que cette méthode sera quittée. Il faut donc qu'elle soit à la fois rapide pour ne pas bloquer l'activité suivante et efficace. Car elle a pour rôles de sauvegarder les données persistantes de l'activité et de stopper les tâches consommatrices de CPU, de mémoire...

> *Jusqu'à Android 3.0 (API 11), le système Android peut décider de tuer l'application, plus précisément son processus, à partir de n'importe quel moment dès la sortie de cette méthode. C'est la seule méthode dont on est sûr qu'elle soit appelée avant la suppression du processus. C'est donc la dernière limite pour effectuer les sauvegardes et autres actions importantes qui doivent être réalisées de façon certaine. À partir d'Android 3.0 (API 11), cette remarque n'est plus valable pour la méthode `onPause` mais l'est dorénavant pour la méthode `onStop`.*

Il peut être utile d'utiliser la méthode `isFinishing` pour déterminer si l'activité est en train de se terminer ou si elle est juste mise en pause. Dans le premier cas, elle retournera `true` sinon `false`.

Syntaxe

```
public boolean isFinishing ()
```

Syntaxe de la méthode `onPause`

```
protected void onPause ()
```

Exemple

```
public class MonActivite extends Activity {
  @Override
  public void onPause() {
    super.onPause();
    if (isFinishing()) {
      traitement1();
    } else {
      traitement2();
    }
  }
}
```

e onStop

La méthode `onStop` est le pendant de la méthode `onStart`.

Cette méthode permet de libérer certaines ressources, notamment les objets de type `Cursor`.

> *Jusqu'à Android 3.0 (API 11), cette méthode peut ne jamais être appelée si le système a décidé de tuer le processus de l'application avant. Il faut donc plutôt utiliser la méthode onPause pour sauvegarder des données persistantes.*

> *À partir d'Android 3.0 (API 11), le système Android ne peut plus tuer le processus de l'application avant d'appeler cette méthode. Par contre, il peut décider de tuer l'application à partir de n'importe quel moment dès la sortie de cette méthode. C'est donc la dernière limite pour effectuer les sauvegardes et autres actions importantes qui doivent être réalisées de façon certaine.*

Syntaxe

```
protected void onStop ()
```

Exemple

```
public class MonActivite extends Activity {
  @Override
  public void onStop() {
```

```
    super.onStop();
  }
}
```

f onRestart

La méthode `onRestart` peut être appelée après la méthode `onStop` si l'activité revient au premier plan. Puis elle est suivie à son tour d'un appel à la méthode `onStart`.

Cette méthode permet de redemander certaines ressources libérées dans la méthode `onStop`.

Syntaxe

```
protected void onRestart ()
```

Exemple

```
public class MonActivite extends Activity {
  @Override
  public void onRestart() {
    super.onRestart();
  }
}
```

g onDestroy

La méthode `onDestroy` est le pendant de la méthode `onCreate`. Elle est appelée après un appel à la méthode `finish` ou directement par le système s'il a besoin de ressources. C'est la dernière méthode mise à la disposition du développeur à être appelée avant la destruction effective et irréversible de l'activité.

Cette méthode permet de libérer des ressources liées à l'activité, par exemple un thread qui n'a plus raison d'être sans cette activité.

> *Cette méthode peut ne jamais être appelée si le système a décidé de tuer le processus de l'application avant. Il faut donc plutôt utiliser la méthode* `onPause` *pour sauvegarder des données persistantes.*

Syntaxe

```
protected void onDestroy ()
```

Exemple

```
public class MonActivite extends Activity {
  @Override
  public void onDestroy() {
    supprimeThread();
    super.onDestroy();
  }
}
```

3 Lancement

La méthode `startActivity` permet de lancer une activité en lui indiquant en paramètre un objet de type `Intent`, implicite ou explicite.

Syntaxe

```
public abstract void startActivity (Intent intent)
```

Exemple

```
Intent intent = new Intent(this, MonActiviteDestinataire.class);
startActivity(intent);
```

Si l'activité exécutée doit retourner un résultat une fois terminée, il faut utiliser les méthodes `startActivityForResult` et `onActivityResult` qui fonctionnent de concert. Une fois l'activité destinataire terminée, la méthode `onActivityResult` du composant source est appelée. Des paramètres lui sont fournis : le code indiqué dans l'appel `startActivityForResult` permettant d'identifier l'origine du résultat, le résultat de l'activité terminée et des données supplémentaires fournies par l'activité quittée dans les champs `extra` d'un intent.

> *L'exécution de la méthode `onActivityResult` a lieu juste avant la méthode `onResume` de l'activité source.*

Syntaxe

```
public void startActivityForResult (Intent intent, int requestCode)
protected void onActivityResult (int requestCode, int resultCode,
  Intent data)
```

Exemple

```
public class MonActivitePrincipale extends Activity {
  private static final int REQ_MSG_ACTIVITEDEST = 1;

  private void lanceActiviteDestinataire() {
    Intent intent =
      new Intent(this, MonActiviteDestinataire.class);
      startActivityForResult(intent, REQ_MSG_ACTIVITEDEST);
  }

  @Override
  protected void onActivityResult(int requestCode,
      int resultCode, Intent data) {
    if (requestCode == REQ_MSG_ACTIVITEDEST) {
      if (resultCode == RESULT_OK) {
        Bundle bundle = data.getExtras();
        traitement(bundle);
      }
    } else
      super.onActivityResult(requestCode, resultCode, data);
  }
}
```

L'activité destinataire indique le résultat de retour et si besoin l'intent l'accompagnant en utilisant la méthode `setResult`. Cette méthode modifie juste la valeur de retour, écrasant la précédente valeur le cas échéant. Elle ne termine pas l'activité en cours. On utilisera par exemple la méthode `finish` pour cela.

Syntaxe

```
public final void setResult (int resultCode)
public final void setResult (int resultCode, Intent data)
```

Exemple

```
public class MonActiviteSecondaire extends Activity {

  private void retourneCancel() {
```

```
    setResult(RESULT_CANCELED);
    finish();
  }

  private void retourneOK() {
    Intent intent = new Intent();
    intent.putExtra("clé", "valeur");
    setResult(RESULT_OK, intent);
    finish();
  }
}
```

4 Sauvegarde et restauration de l'état

Aperçu dans la description de la méthode `onCreate`, un objet de type `Bundle` permet de sauvegarder l'état de l'activité lorsque celle-ci est détruite par le système et uniquement par le système pour être recréée ensuite à l'état identique. L'utilisateur qui ferme volontairement une activité, par exemple en pressant la touche **Retour** de l'appareil, ne provoquera pas la sauvegarde de cet objet de type `Bundle`.

Alors que c'est le cas lorsque le système a besoin de ressources ou plus couramment lorsque l'utilisateur change l'orientation de l'appareil. L'activité et ses vues en cours sont alors détruites par le système pour être recréées dans un format compatible avec la nouvelle orientation. Pour ce faire, le SDK fournit deux méthodes complémentaires : `onSaveInstanceState` et `onRestoreInstanceState`.

La méthode `onSaveInstanceState` permet de sauvegarder les données dans l'objet de type `Bundle` qui est fourni en paramètre. C'est cet objet qui sera passé, le cas échéant, à la méthode `onCreate` et à la méthode `onRestoreInstanceState`. Cette méthode est appelée avant la méthode `onStop`. Ce peut être avant ou après la méthode `onPause` mais dans tous les cas, l'activité n'est pas détruite par le système tant que cette méthode n'a pas été appelée.

> *Il existe des situations où la méthode `onPause` est appelée alors que la méthode `onSaveInstanceState` ne l'est pas. C'est le cas décrit précédemment où l'utilisateur ferme l'activité courante. Il faut donc veiller à ne pas utiliser la méthode `onSaveInstanceState` à la place de la méthode `onPause`, notamment pour la sauvegarde de données persistantes.*

La méthode `onRestoreInstanceState` reçoit en paramètre l'objet de type `Bundle` précédemment sauvegardé. Grâce à ces informations, l'activité peut restaurer ses données et ses vues dans l'état dans lequel elles étaient précédemment. Il est également possible de le faire dans la méthode `onCreate`. La méthode `onRestoreInstanceState` est appelée après la méthode `onStart` et avant la méthode `onResume`.

Syntaxe

```
protected void onSaveInstanceState (Bundle outState)
protected void onRestoreInstanceState (Bundle savedInstanceState)
```

Exemple

```
public class MonActivite extends Activity {
  private static final String CLE_1 =
    "fr.mondomaine.android.monappli.cle1";
  private static final String CLE_2 =
    "fr.mondomaine.android.monappli.cle2";

  private String mValue1;
  private int mValue2;

  @Override
  protected void onSaveInstanceState(Bundle outState) {
    super.onSaveInstanceState(outState);
    outState.putString(CLE_1, mValue1);
    outState.putInt(CLE_2, mValue2);
  };

  @Override
  protected void onRestoreInstanceState(Bundle savedState) {
    mValue1 = savedState.getString(CLE_1);
    mValue2 = savedState.getInt(CLE_2);
    super.onRestoreInstanceState(savedState);
  };
}
```

5 Pile d'activités

À chaque application, le système associe une pile d'activités de type FIFO (*First In, First Out*) ou Premier Entré, Premier Sorti. Celle-ci empile les activités de l'application qui sont lancées les unes à la suite des autres. Cela concerne également les activités lancées depuis l'application mais fournies par d'autres applications.

Cette succession d'activités stockées dans la pile représente une tâche, au sens fonctionnel.

Lorsque l'utilisateur souhaite revenir à l'activité précédente de l'activité courante en pressant par exemple le bouton **Retour**, le système dépile l'activité en cours, la détruit et reprend l'exécution de l'activité précédente. L'opération peut se répéter jusqu'à vider complètement la pile qui est alors détruite.

Lorsque l'utilisateur retourne à la page d'accueil Android, le bureau, en pressant la touche **Accueil**, la pile de l'application courante est sauvegardée en mémoire par le système. Si l'utilisateur relance l'application, par défaut, sa pile sera restaurée et l'activité courante sera celle située au sommet de la pile.

S'il en estime le besoin, le système Android peut à tout instant détruire les activités autres que l'activité courante afin de libérer des ressources système. Il est donc vivement conseillé de sauvegarder l'état de ces activités avant leur destruction de sorte que le système puisse les restaurer dans l'état dans lequel l'utilisateur les avait laissées.

Par défaut, le système peut vider une pile non utilisée après un certain laps de temps pour ne garder que la première activité. Il considère en effet que l'utilisateur ne souhaite par reprendre son ancienne action mais en recommencer une nouvelle. Il est possible de modifier ce comportement en utilisant les attributs `android:alwaysRetainTaskState`, `android:clearTaskOnLaunch` et `android:finishOnTaskLaunch` de la balise `activity` de l'activité d'accueil dans le manifeste.

L'utilisateur peut appuyer sur l'icône de l'application de la barre d'action pour vouloir revenir juste une activité en arrière. Cela est facilement réalisable en utilisant la méthode `finish` déjà vue.

Mais l'appui sur l'icône de l'application dans cette barre d'action peut également signifier que l'utilisateur souhaite revenir à l'activité d'accueil. En l'état actuel, si l'activité d'accueil est lancée de nouveau via l'utilisation d'un intent, elle sera ajoutée au sommet de la pile d'activités. L'utilisateur ne comprendra pas que s'il revient en arrière pour quitter l'application, il retrouve en fait une ancienne activité... L'action correcte est que toutes les activités sauf la première soient dépilées de la pile. La seule activité restante, la première correspondant généralement à l'activité d'accueil, deviendra alors l'activité courante.

Pour rendre cela possible de façon aisée, Android permet de modifier le fonctionnement par défaut de la pile.

Par exemple, il suffit d'ajouter le drapeau `Intent.FLAG_ACTIVITY_CLEAR_TOP` à l'intent utilisé pour lancer une activité pour dépiler les activités de la pile jusqu'à celle concernée par l'intent. Dans notre cas, il s'agit de l'activité d'accueil. De ce fait, toutes les activités depuis le sommet de la pile jusqu'à l'activité d'accueil sont dépilées.

Exemple

```
Intent intent = new Intent(this, MonActivitePrincipale.class);
intent.addFlags(Intent.FLAG_ACTIVITY_CLEAR_TOP);
startActivity(intent);
```

> *Il existe nombre d'autres drapeaux de type `Intent.FLAG_ACTIVITY_*` permettant de modifier le comportement par défaut.*

> *Android permet également aux activités de spécifier leur mode d'ajout à la pile directement depuis le manifeste. Pour cela, il faut utiliser l'attribut `android:launchMode` de la balise `activity`. Le cas échéant, les drapeaux spécifiés dans les intents sont prioritaires à ceux définis dans le manifeste.*

A

Liste des acronymes

ADT	*Android Development Tools* est un plug-in pour Eclipse intégrant de nombreuses fonctionnalités spécifiques au développement d'applications Android, depuis l'assistant de création de projet Android jusqu'à l'exportation de l'application finale.
API	*Application Programming Interface* ou interface de programmation d'applications est une bibliothèque de fonctions mise à disposition des programmeurs pour écrire des programmes.
AVD	*Android Virtual Device* représente une configuration matérielle de l'émulateur Android.
BMP	*Windows Bitmap* (BMP) est un format d'image matricielle ouvert.
GIF	*Graphics Interchange Format* est un format compressé d'image numérique qui ne retient que 256 couleurs. Le format GIF est majoritairement utilisé sur le Web pour les images synthétiques.
HDPI	Désigne un écran de haute densité, environ 240 dpi (pixels par pouce). C'est l'une des quatre catégories de densité d'écran proposées sous Android parmi : ldpi, mdpi, hdpi et xhdpi.
JPEG	*Joint Photographic Expert Group* est un format compressé d'image numérique qui permet d'afficher jusqu'à 16,7 millions de couleurs. Le format JPEG est surtout utilisé sur le Web pour les photographies.
LDPI	Désigne un écran de faible densité, soit environ 120 dpi (pixels par pouce). C'est l'une des quatre catégories de densité d'écran proposées sous Android parmi : ldpi, mdpi, hdpi et xhdpi.
MDPI	Désigne un écran de moyenne densité, soit environ 160 dpi (pixels par pouce). C'est l'une des quatre catégories de densité d'écran proposées sous Android parmi : ldpi, mdpi, hdpi et xhdpi.
MP3	*MPEG-1/2 Audio Layer 3* est un algorithme de compression audio.
PNG	*Portable Network Graphics* est un format ouvert et non destructeur d'images numériques.

QVGA Norme d'affichage d'écran dont la résolution est de 320x240 pixels.

SD Carte mémoire de stockage de données numériques.

SDK *Software Development Kit* ou kit de développement logiciel est un ensemble d'outils permettant d'aider un programmeur dans le développement d'applications sur une plate-forme spécifique.

URI Une URI (*Uniform Resource Identifier*) est une chaîne de caractères identifiant une ressource.

USB *Universal Serial Bus* ou Bus série universel permet la connexion d'équipement externe à l'ordinateur : disque amovible, clé USB, appareil photo numérique, imprimante...

WXGA Norme d'affichage d'écran dont la résolution est de 1366x768 pixels (16/9) et 1280x800 pixels (16/10).

XHDPI Désigne un écran à très haute densité, environ 320 dpi (pixels par pouce). C'est l'une des quatre catégories de densité d'écran proposées sous Android parmi : ldpi, mdpi, hdpi et xhdpi.

XML *eXtended Markup Language* est une norme d'échange de documents informatisés issue de SGML. XML permet ainsi de définir la structure de données utilisées (métadonnées) indépendamment de la présentation et permet de proposer les balises que l'on veut en fonction de ses besoins.

A

C

D

E

F

G

I

O

P

R